具がたっぷりでスパイシー
豪快にほおばる個性派サンドイッチ

* * * *
よくばりラテンサンド

丸山久美
Kumi Maruyama

誠文堂新光社

はじめに

　ラテンという言葉の響きはなんとも晴ればれしい。輝く太陽、明るくて陽気、お祭り好き、ハッピー気質な人々、そんなイメージが即時に頭に広がる。中南米、特にキューバやブラジルなどのカリブの蒼い海まで浮かんでしまうのは、これらの国々のサルサやキューバ音楽といったラテン音楽がわたしの中に鮮烈にインプットされているからかもしれない。そして「ラテン民族」となると実際は範囲が広がるようで、中南米はもとより、フランス人、ルーマニア人やモルドヴァ人など、ラテン語を起源とする言語圏の人たちまで含まれるという。さらに「ラテン的」というとまた意味合いが違ってくる。「ラテン」と省略して使われることの多いこの言葉は、ラテンアメリカやスペインの人たちの文化、その体質をイメージした言葉であるらしい。まさにやにわに浮かぶあのイメージを「ラテン」と呼んでいいようだ。

　そんな「ラテン」なサンドイッチにある日出会った。アボカドとトマトをこぼれるほどはさみ、思いきりマヨネーズをかけたチリのホットドッグ"コンプレト"だ。チリ人の友達が作ってくれたその時は、思わず笑ってしまった。"コンプレト"とはスペイン語で「完璧な」や「全部そろった」という意味がある。そのものずばりの微笑ましいネーミングは、冗談ではないかとしばらく信じられなかったほど。明るくて大胆で陽気なその姿はまさしくラテンそのものだった。

　それから気にかけてきた「ラテンサンド」。
ラテンの国々のサンドイッチにはとにかく驚かされるばかり。目あたらしい具材のコンビネーションに、パワフルなつめ具合。ファーストフードでありB級フードでもあるが、具材の分量と同じくらいラテンな要素がたっぷりとつまったソウルフードなのである。また、なんといっても野菜やハーブの使い方が豪快で絶妙。これまたふんだんに使うのがお決まりで、例えばアボカドやパクチーをこぼれるほど大量にはさみ、刻んだ野菜やハーブがたっぷり使われたサルサソースをダイナミックにトッピング。レモンやライムを大胆にあしらえば、実にさわやかなラテンサンドができ上がる。野菜やハーブをたくさん使うことで、ダイナミックなサンドイッチが一気にバランスのとれたおいしい一品へと進化するのである。

　この本で紹介する「ラテンサンド」はどれも強烈。ページをめくるたびにあらわれるサンドイッチの姿に思わず笑みがこぼれ、時々呆れてしまうかもしれない。そして食べていただいたら、そのおいしさにきっとまた笑みがこぼれてしまうはず。豪快でよくばりな「ラテンサンド」を思い切りほおばって、ラテンの元気を感じていただけたら何よりです。

丸山久美

目次

はじめに ・・・・・・・・・・・・・・・・・・・・・・・・・・・・・・・・ 2

ラテンサンドの基本 ・・・・・・・・・・・・・・・・・・・ 6
   1. ラテンサンドとは？
   2. どうやって作る？
   3. どんなパンを使う？
   4. どうやって食べる？
   5. よく使う食材

がっつり肉サンド

チリ風ポークサンド ・・・・・・・・・・・・・・・・・・・・・・ 10
ラテン風ステーキサンド ・・・・・・・・・・・・・・・ 12
ペルーのハムサンド風／
イエローホットペッパーソース ・・・・・・・・・ 14
卵ととろけるチーズのビーフサンド ・・・・・ 16
トリプルサンド ・・・・・・・・・・・・・・・・・・・・・・・・・・ 17
チビート ・・・・・・・・・・・・・・・・・・・・・・・・・・・・・・・・ 18
バシオパン ・・・・・・・・・・・・・・・・・・・・・・・・・・・・・ 20
チキンサンド ・・・・・・・・・・・・・・・・・・・・・・・・・・・ 21
カルニタス風サンド ・・・・・・・・・・・・・・・・・・・・・ 22
ひき肉サンド／
ポルトガル風ガーリックステーキサンド／
トマトと角切りビーフサンド ・・・・・・・・・・・・ 24
ブラジル風ローストビーフサンド／
ローストビーフの作り方 ・・・・・・・・・・・・・・・・ 28
キューバ風ホットサンド／
マリネードポークの作り方 ・・・・・・・・・・・・・・ 30

ピリ辛サンド

唐辛子パン風サンド ・・・・・・・・・・・・・・・・・・・・ 36
ハラペーニョハムサンド ・・・・・・・・・・・・・・・・ 38
唐辛子風味のチキンサンド ・・・・・・・・・・・・・・ 40
チキンカツレツバーガー ・・・・・・・・・・・・・・・・ 42
溺れたトルタ ・・・・・・・・・・・・・・・・・・・・・・・・・・・ 44
ピリ辛ポークサンド ・・・・・・・・・・・・・・・・・・・・ 46

野菜たっぷりサンド

アボカドトマトのホットドッグ ・・・・・・・・・・ 48
いんげんたっぷりのポークサンド ・・・・・・・・ 50
アボカドたっぷりのハムチーズサンド ・・・・ 52
アボカドチキンサンド ・・・・・・・・・・・・・・・・・・ 53
メキシコ風豆ディップサンド ・・・・・・・・・・・・ 54
コロンビア風ホットドッグ ・・・・・・・・・・・・・・ 56
ブラジル風ホッドグ ・・・・・・・・・・・・・・・・・・・・ 57
さつまいもポークフライサンドイッチ ・・・・ 60
チキンと野菜のソースたっぷりサンド ・・・・ 62

ラテン風シーフードサンド

クロチャ風サンド ・・・・・・・・・・・・・・・・・・・・・・ 68
カディス風さばサンド ・・・・・・・・・・・・・・・・・・ 70
さんまフライサンド ・・・・・・・・・・・・・・・・・・・・ 72
イカフライのボカディージョ ・・・・・・・・・・・・ 73
溺れた海老のトルタ ・・・・・・・・・・・・・・・・・・・・ 74
たらと焼きねぎのサルサ・ロメスコサンド／
サルサ・ロメスコの作り方 ・・・・・・・・・・・・・・ 76
マラガのホットサンド ・・・・・・・・・・・・・・・・・・ 78
サーディンのボカディージョ ・・・・・・・・・・・・ 79
グリルめかじきサンド ・・・・・・・・・・・・・・・・・・ 80
海老のアヒージョサンド ・・・・・・・・・・・・・・・・ 82

こだわりのラテンフード

チョリパン／チョリソーの作り方	84
アレパ／アレパの作り方	88
魚介マリネのアレパ／	
チキンアボカドサラダのアレパ	90
豚肉のアレパ／ハム＆チーズのアレパ	91
タコス／トルティーヤの作り方	92
カルネ・アサーダ風タコス／チキン・タコス	94
豆ペーストのタコス／海老のタコス	95

ラテンなドリンク

ラテンビール	98
インカコーラ	100
モリール・ソニャンド	101
マテ茶	102
ライムネード	103
モヒート	104
ミチェラーダ	105
カイピリーニャ	106
サングリア	107
ピスコ・サワー	108
レファホ	109
マルガリータ	110
キューバ・リブレ	111

この本の決まりごと

- レシピ中の大さじ1は15ml、小さじ1は5ml、1カップは200ml、いずれもすりきりです。
- 火加減は特に表記がない場合は中火です。
- オリーブオイルはすべてエキストラバージンオイルを使っています。
- 表示をしている調理時間はおおよその目安です。料理の様子を見ながら加減をしてください。
- 材料表記のパンがない場合はお好みのパンを使ってください。

コラム

サルサ
アボカドのサルサ／ペブレ／サルサ・ロハ／
豆のペースト／サルサ・クリオージャ／チミチュリ 32

ちょっと気になる唐辛子のこと 47

たまごを楽しむラテンサンド
ポルトガル風クロックムッシュ 64
スペイン風ミックスサンド 66
スペインオムレツのボカディージョ 67

チョコレートのボカディージョ 96

ラテンサンドの基本

↓ この本で登場する国々

ラテン民族と呼ばれる人々が住む、
中南米やヨーロッパのスペイン、
ポルトガルといった国々で食べられている
サンドイッチ、バーガー、ホットドック。
この本では、それらの"ラテンサンド"を
日本で手に入りやすい食材で手軽に作れる
オリジナルレシピを紹介する。

メキシコ　キューバ　ドミニカ共和国
　　　　　　　　　プエルトリコ
　　　　　　ベネズエラ
コロンビア　　　　　　　　　　スペイン
　　　　　　　　　　　　ポルトガル
　ペルー　　ブラジル
チリ
　　　　ウルグアイ
　アルゼンチン

1　ラテンサンドとは？

この本では、ラテン系の国々で食べられているストリートフード、ファーストフード、バルやカフェなどで提供されるサンドも含め、ボリュームたっぷりながらすぐに作れ、お腹も満足、子どもから大人まで幅広い年代の人に愛されているソウルフードを総称して「ラテンサンド」と呼ぶ。身近にある材料で作れ、インパクトがある個性的なサンドイッチは現地でも大人気。

2　どうやって作る？

本場の屋台のサンドイッチ店は、すべて天板の上で調理を行う。パンを焼いてチーズを溶かし、肉も天板で焼く（炭火焼でこんがりと焼くところもある）。作りたての香ばしいサンドイッチをかぶりつけるよう、家で作るときはフライパンでパンと他の具材を同様に焼いてしまおう。

パンの白い部分をくりぬく

上にのせるパンの白い部分をくり抜いて具を詰め込む。もったいない、と思うが現地では具を詰め込むために当たり前のようにやっている。たくさん詰めるための裏技。

チーズはフライパンで溶かす

好みのチーズをフライパンで溶かし、すばやく具材の上にのせる。焦げも美味。この本ではとろけるタイプのシュレッドタイプ（ピザ用など）やスライスチーズを使用。

どんなパンを使う？

パン好きが多いラテンの国々。国によってパンの形も味もさまざまで、家庭では昼食や夕食にその土地の定番のパンを使ったサンドイッチを食べる国も多いよう。この本では具材に合わせて以下のパンを使っている。

ブール

バゲットと同じ生地で丸い形に成形したパン。サンドイッチで食べる時は小さめのプチブールや10cmくらいの大きさのものがほどよい。

この本で使うパン

クッペ

小型のフランスパン。サンドイッチにすると、ちょうどよく具がおさまる長さ。メキシコのパン、"ボリージョ"に形が似ている。

バゲット

バゲットをよく使うのはスペイン。「ボカディージョ」はバゲットサンドの意。好きな大きさに切って具をはさめるので使い勝手が良い。

白パン

ふんわりとした白パンは個性的なラテンサンドの具材の味を引き立ててくれる。重くないので軽く食べたいときにおすすめ。アボカドとの相性良し。

食パン

この本ではあまり登場していないが、肉やハムをサルサと一緒にはさんだり、豆のペーストやアボカドをぬって楽しめる。

ハンバーガーバンズ

ふかふかのバンズが具材を包み込むので、少しつぶしてほおばれる。サンドイッチと相性抜群、まさにサンドイッチのためのパン。

ホットドッグバンズ

ホットドッグはどこの国でもファーストフードとして浸透している。ラテンの国々にも独特の個性派ホットドッグがある。

どうやって食べる？

食べ方にルールはないが、たっぷり具材がはさまったラテンサンドは少々食べにくいので、屋台のように紙やアルミ箔で包むと食べやすい。お皿にのっているときは、ナイフで半分に切ってからかぶりつく人が多い。

ワックスペーパーやビニールに包んでかぶりつく

⑤ よく使う食材

野菜と果物

ペルーをはじめ、中南米が原産のものが多い野菜や果物。太陽の光を浴びて育つジューシーな野菜と果物は、現地のサンドイッチでも存在感を放つ。ラテンサンドの具材であり、この本でも多く登場する野菜と果物はこちら。

アボカド

中南米は世界でも際立つアボカドラバー。サンドイッチにも必須。屋台にはアボカドをつぶしたソースが置かれ、好みでたっぷりかける。

まねしたい2つのテクニック

❶ 皮ごとスライスしてから皮をむく。
❷ 皮の中でつぶして、果肉をバター感覚でぬる。どちらも現地のサンドイッチ作りで多用されるワザ。

トマト

トマトは南米が原産地。みずみずしく甘酸っぱい味は大切なアクセント。元気な色合いをプラスし、ビタミンも補ってくれる。

レモン・ライム

中南米の人たちは色々な料理にたっぷりと絞って使う。サンドイッチに少したらすとさわやかな味に変化しておいしさを2度楽しめる。

玉ねぎ

ラテンの国々で頻繁に使われる大切な基本食材。国により紫を多く使うところもある。サンドイッチの味を時にはまろやかに、時には引き締めてくれる。

レタス

ラテンサンドの味と色合いをさわやかにする。種類は色々あれど、しゃきっとなるよう水につけてから使い、食感も楽しみたい。

にんにく

シンプルな調理法こそ、にんにくが大きな役割をはたす。肉、魚介、サルサにと、ラテンの国々にはなくてはならない存在。

ハーブと香辛料

ラテンの国々に根付いているハーブ＆スパイスの使い方は各国の食文化のひとつ。サンドイッチに加えると、風味と味わいがいちだんと豊かになる。引き立て役の名脇役たちは日本でも身近になり、手に入りやすくなった。

パクチー
中南米で親しまれ、とても出番の多いパクチー。スペインでは「ツラントロ」と呼ばれるが、この本では馴染みのあるタイ語の「パクチー」と呼ぶ。

タイム
すがすがしい香りで、辛い料理との相性が特に良い。肉や魚介、トマトベースのソースに使うのもおすすめ。

ローリエ
臭み消しの役割で肉料理や魚料理に使われる。より香りが立つドライの葉を使うことが多い。

クミン
シードよりもパウダーが使われる。ほんのり辛さと苦味がサンドイッチに独特な風味と味をプラスする名脇役。

オレガノ
フレッシュ、ドライ、どちらもよく使われる。かすかな苦さとさわやかな香りが特徴。この本では肉などの香味付けやサルサに使用。

イタリアンパセリ
パクチーと並んでよく使われるハーブ。主張しすぎない芳香が魅力。葉をそのままはさんだり、サルサに刻んで加える。

サルサ
サルサはスペイン語で「ソース」の意。野菜やハーブを使った中南米ならではのサルサは味のアクセントに大活躍する。

詳しくはP.32へ →

唐辛子
辛い唐辛子を使うのもラテンサンドの魅力のひとつ。特にメキシコやペルーは唐辛子の種類も豊富で料理に欠かせない。

詳しくはP.47へ →

チリ風ポークサンド
Lomito Chileno

肉が主役のラテンなソウルフード
がっつり肉サンド
✴ ✴ ✴ ✴

屋台で焼く肉のいい匂いに誘われて集まる、
地元っ子たちに人気のサンドイッチの数々。
国によって、肉の好みはいろいろあるが、共通しているのは
たくさんの具材をあふれんばかりにパンにたっぷりとはさむという
ラテンサンドの奥義。
パンからはみ出る肉、野菜、ソース。どうやって食べるか迷ったら、
そのまま思い切りかぶりついて。
口の周りについた肉汁やサルサもおいしさの代名詞だから。

Lomito Chileno

パン好きの国のお気に入りサンドイッチ

チリ風ポークサンド
★ ★ ★ ★

パンの消費量が多い国、チリの代表的なサンドイッチ。
中にはさむ肉は牛肉が人気だが、鶏肉や豚肉でももちろんOK。
どっさりはさむのがチリ流。

材料 1個分

- ハンバーガーバンズ…1個
- 豚肩ロース肉（薄切り）…80g
- にんにく（すりおろし）…1片
- アボカド…1個
- トマト…1個
- **A** レモン果汁…1/4個分
  　塩、こしょう…各少々
- オリーブオイル…小さじ1
- マヨネーズ…適宜

作り方

1. トマトは輪切りにする。アボカドは半分に切り込みを入れて種を取り除き、果肉をフォークで粗くつぶし、**A**を混ぜる。
2. 豚肉は塩、こしょう各少々（分量外）、にんにくを和える。
3. バンズは横半分に切り、フライパンで軽く焼く。
4. バンズを取り出し、オリーブオイルを加えて**2**を焼く。
5. 下のバンズに**4**の豚肉をのせ、マヨネーズをかける。さらに**1**をのせ、上のバンズをのせる。

Sándwich de cerdo

シンプルな材料でいつでも作れて大満足

ラテン風ステーキサンド
★ ★ ★ ★

焼いた牛肉をどーんとはさむ、南米の国々の定番サンド。
シンプルながら満腹感たっぷり。
ここでは手頃なポークを使ったステーキサンドに。

材料 1本分

- ホットドッグバンズ…1本
- 豚ロース肉（しょうが焼き用）…2枚（120g）
- とろけるチーズ…35g
- 卵…1個
- トマト…1/2個
- レタス（フリルレタスなど）…2枚
- ハラペーニョ（酢漬け）…適宜
- パクチー（またはイタリアンパセリ）…適量
- 塩、こしょう…各少々
- オリーブオイル…大さじ1・1/2
- マスタード…適量
- マヨネーズ…適量

作り方

1. バンズは横半分に切る。半面にマヨネーズ、半面にマスタードをぬる。
2. トマトとハラペーニョは輪切りにする。レタスは食べやすい大きさにちぎる。
3. 豚肉は焼いた時に反らないように赤身と脂肪の間にある白い筋に包丁で切り込みを入れ、塩、こしょうをふり、温めたフライパンにオリーブオイル大さじ1を入れて中火で両面を焼く。取り出す。
4. **3**のフライパンを温め、オリーブオイル大さじ1/2を入れて卵を割り入れ、黄身が半熟の目玉焼きを作る。取り出し、同じフライパンにチーズを入れ溶かす。
5. 下のバンズにレタス、トマト、**3**の豚肉、**4**のチーズ、目玉焼き、ハラペーニョ、パクチーを重ね、上のバンズをのせる。

ぴりりと辛味のきいたマヨネーズと一緒に
ペルーのハムサンド風
* * * *

ペルーの豚ももハムの厚切りをたっぷりとはさんだ"ブティファラ"。
ここでは身近なハムで代用し、黄唐辛子は色だけをまねて黄パプリカを使用。
あふれんばかりにはさんだら、サルサ・クリオージャをたっぷりかけて。

Butifarra Peruana

材料 1個分

ブール…1個
ロースハム(やや厚切り)…4枚(100g)
サルサ・クリオージャ(作り方p.35)…適量
レタス(グリーンカールなど)…2枚
イエローホットペッパーソース(下記参照)…適量
マヨネーズ…適量
ライム…適宜

作り方

1. レタスは食べやすい大きさにちぎる。
2. ブールは横半分に切る。
3. 下のブールにレタス、ハムをのせ、サルサ・クリオージャをかけ、アヒ・アマリージョとマヨネーズを混ぜたものをふり、上のブールをのせる。
4. ライムを添える。

アヒ・アマリージョのペースト
イエローホットペッパーソース

まろやかな味わいとさわやかな辛さが特徴の、ペルー産の黄唐辛子、アヒ・アマリージョ(p.47)をペースト状にして調味料を加えたソース。これを少量マヨネーズに加えると「アヒ・アマリージョ・マヨネーズ」になる。辛いものが好きな人は多めに入れ、ライム果汁の酸味を加えるとさわやかで一味違うおいしさに。市販品はネット通販や輸入専門店などで購入可能。

輸入元・問い合わせ先：リードオフジャパン株式会社

黄身がなめらかでクリーミー
卵ととろけるチーズの
ビーフサンド
★ ★ ★ ★

卵をのせないと、
チリの大統領のお気に入りだったことから
その名前がついた「バロス・ルコ」になるサンドイッチ。
どちらもチリの人たちにとても親しまれている。

Chemiluco

材料 1個分

ハンバーガーバンズ…1個
牛肩ロース肉（切り落とし）…150g
玉ねぎ…1/4個
にんにくのすりおろし…少々
青唐辛子…1/2〜1本
卵…1個
とろけるチーズ…40g
オリーブオイル…約小さじ4
塩、こしょう…各適量

作り方

1. バンズは横半分に切る。玉ねぎは千切りにする。青唐辛子は斜めの輪切りにする。
2. 牛肉は塩、こしょう、にんにくを和える。
3. フライパンを温め、オリーブオイル小さじ1を入れて卵を割り入れ、黄身が半熟の目玉焼きを作る。取り出して同じフライパンでバンズの両面を焼く。
4. 同じフライパンにオリーブオイル少々を足して玉ねぎを加え、しんなりとするまで炒め塩、こしょう各少々をふる。取り出す。
5. 4のフライパンにオリーブオイル少々を足して、2と青唐辛子を加えて炒める。取り出す。
6. 5のフライパンでチーズを溶かす。
7. 下のバンズに5、3、4、6の順に重ね、上のバンズをのせる。

プエルトリコのストリートフード
トリプルサンド
★ ★ ★

基本の素材はビーフ、ポーク、ハムの3種だが
お店によって入れる具材の種類や味付けはさまざま。
こぼれやすいのでアルミ箔に包んで食べる。

材料 2本分

- ホットドッグバンズ…2本
- 鶏むね肉…150g
- 豚こま切れ肉…100g
- ベーコン（スライス）…3枚
- トマト…1個
- レタス…2枚
- ピクルス（ディルピクルス）…1本
- A
  - にんにくのすりおろし…1片分
  - レモン果汁…1/2個分
  - 塩、こしょう…各適量
- じゃがいも（大）…1個
- 揚げ油…適量
- オリーブオイル…大さじ1
- マヨネーズ…適宜
- ケチャップ…適宜
- 塩、こしょう…各適量

作り方

1. 鶏肉と豚肉は粗みじんに切り、**A**につけておく。
2. フライドポテトを作る。じゃがいもは5mm太さの棒状に切り、水に30分ほどさらす。水をしっかりと切り、水気をふきとり、たっぷりの油でからっとなるように2度揚げする。油を切る。
3. ベーコン、トマト、レタス、ピクルスはそれぞれ粗みじんに切る。
4. フライパンにオリーブオイルを熱し、**1**をつけ汁ごと加えて炒める。ベーコンを加えさらに炒め、塩、こしょうで味を調える。
5. バンズは底が切れないように中央に切り込みを入れる。レタス、トマトを詰め、**2**、**4**、ピクルスをはさみ、好みでケチャップ、マヨネーズをかける。

Tripleta

具たっぷり！ウルグアイの国民的サンドイッチ

チビート

* * * *

仔やぎの肉の注文を受けたが、在庫がなかったため
代わりに店にある具をたっぷりはさんだサンドイッチを出したところ
人気メニューになったのが始まり。
そこから「チビート（仔やぎ）」という名前がついたそう。

材料 1個分

- ハンバーガーバンズ…1個
- 牛肩ロース肉（切り落とし）…80g
- ベーコン…2枚
- トマト…1個
- レタス（フリルレタスなど）…1枚
- 赤パプリカ…1個分
- ゆで卵…1個
- グリーンオリーブ…2個
- とろけるチーズ…35g
- マヨネーズ…適宜
- マスタード…適宜
- オリーブオイル…小さじ2
- 塩、こしょう…各適量

作り方

1. バンズは横半分に切り、下の切り口にマヨネーズ、マスタードをぬる。
2. 赤パプリカは220℃のオーブンで約30分、皮がしんなりとするまで全面を焼く。ヘタ、皮、種を取り除き、縦6つに裂く。
3. レタスは食べやすい大きさにちぎる。ゆで卵とトマトは輪切りにする。
4. 牛肉は塩、こしょうをふる。フライパンで炒め、取り出す。
5. 4のフライパンにオリーブオイルを温め、ベーコンを焼く。
6. 5のフライパンでチーズを溶かす。
7. 下のバンズに2、レタス、ゆで卵、4を重ねる。6をかけ、5、トマトをのせ、上のバンズをのせる。グリーンオリーブに竹串を通し、バンズに刺す。

肉の旨みとさわやかなサルサのコンビネーション

バシオパン
★ ★ ★ ★

バシオとは腹部赤身肉のこと。
肉の甘みがじゅわっと広がる、
牛肉大国アルゼンチンの粋なサンドイッチ。
仕上げにさわやかなサルサ、チミチュリをたっぷりかけて。

Vaciopan

材料 1本分

- バゲット…1本
- 牛ステーキ肉…1枚
- チミチュリ…適量（作り方p.35）
- 塩、こしょう…各適量
- オリーブオイル…小さじ2

作り方

1. バゲットは横半分に切り、オリーブオイル（分量外）を薄くぬったグリルパンで両面を焼く。
2. 牛肉は室温に戻し、塩、こしょうをふる。
3. フライパンを強火で熱し、オリーブオイルを入れ、**2**を中火で焼き色がつくまで2分焼く。裏返し強火で1分、弱火で1分焼く。火を止めて5分おく。
4. 下のバゲットに**3**をのせ、チミチュリをかけて上のバゲットをのせる。

いろいろなサルサでお好みの味にアレンジ

チキンサンド
★ ★ ★ ★

ベネゼエラ風チキンサンド。現地ではアボカドのサルサ（P.34）やチーズ、タルタル、バーベキューなどいろいろなサルサをかけて好みの味を楽しむ。

材料 1本分

- ホットドッグバンズ…1本
- 鶏もも肉…120g
- 玉ねぎ…1/2個分
- にんにく…1片
- レタス…2枚
- ケチャップ…適宜
- マヨネーズ…適宜
- マスタード…適宜
- 粉チーズ…適量
- オリーブオイル…小さじ2
- 揚げ油…適量
- 塩、こしょう…各適量

作り方

1. 玉ねぎはくし型をさらに半分に切り、高温の油で揚げ、油を切る。
2. レタスは食べやすい大きさにちぎる。鶏肉は1cm角に切り、塩、こしょうをふる。にんにくはみじん切りにする。
3. フライパンにオリーブオイルを熱し、にんにくを加え炒め、香りが出たら鶏肉を加えてさらに炒める。
4. バンズは底が切れないように中央に切り込みを入れ、ケチャップ、マヨネーズ、マスタードをぬる。レタス、3をはさみ、1をのせて粉チーズをふる。

Pepito de pollo

メキシコの中西部、ミチョアカン州が生まれ故郷

カルニタス風サンド

* * * *

いろいろな部位の豚肉を時間をかけて煮込み、最後は揚げるように仕上げ、
それをほぐす"カルニタス"。濃いめの味つけの豚肉は
タコスに挟んだりごはんと食べるなど、食べ方もいろいろ。
名前や作り方は少し違うが、他の南米の国でも食べられている。
ここでは豚脂たっぷりの本来のカルニタスを少なめにアレンジした。

Torta de carnitas

材料 1個分

ブール…1個
豚肩ロース肉（ブロック）…250g
玉ねぎ…1/2個
にんにく…1片
オレンジ果汁…1個分
ローリエ…2枚
オレガノ（ドライ）…小さじ1/2
塩…小さじ1/4
こしょう…少々

作り方

1. 豚肉は4cm角に切る。玉ねぎは縦4つに切る。にんにくは皮をむく。
2. 鍋に1とローリエ、ひたひたの水を入れ、沸騰したら弱火にして蓋をして、ほとんど水分がなくなるまで煮込む。
3. ローリエと玉ねぎ、にんにくを取り出し、水分がなくなるまでそのまま煮詰める。
4. オレンジ果汁とオレガノ、塩、こしょうを加えて煮詰める。フォーク2本を使って肉を裂く。（使う時に肉が乾いてしまったらオレンジ果汁1個分をフライパンに入れて半量になるまで煮詰め和える）
5. ブールは横半分に切り、4をはさむ。

ひき肉サンド
Pan con salchicha huachana

ポルトガル風
ガーリックステーキサンド
Prego no pão

トマトと
角切りビーフサンド
Sánguche de lomo saltado

Pan con salchicha huachana

食べにくい…けれどおいしくてとまらない

ひき肉サンド

✦ ✦ ✦ ✦

くずしてぽろぽろにした、
ペルー名産のソーセージを卵と炒めてサンド。
ここではソーセージの代わりにひき肉でアレンジ。

材料 1個分

- ブール…1個
- 豚ひき肉…80g
- にんにく…1片
- 卵…1個
- A
  - クミンパウダー…小さじ1/3
  - オレガノ(ドライ)…小さじ1/2
  - 白ワインビネガー…小さじ1/3
  - 塩、こしょう…各適量
- オリーブオイル…小さじ1
- 塩…少々

作り方

1. 卵は塩を入れて溶く。
2. にんにくはみじん切りにする。
3. フライパンに2と豚肉を入れて色が茶色くなるまで炒める。Aを加え混ぜる。
4. 肉を端へ寄せて、オリーブオイルを入れる。油が熱くなったら、1の溶き卵を流し、ある程度かたまったら軽く混ぜ、肉と一緒に全体を混ぜ合わせる。
5. ブールは横半分に切り、4をはさむ。

Prego no pão

シンプルだけど食べごたえあり

ポルトガル風 ガーリックステーキサンド

✦ ✦ ✦ ✦

シンプルだからこそはずせない、
肉好きのためのサンドイッチ。
少し厚めのステーキが贅沢だが、
家庭では少し小さめの肉とパンで楽しみたい。

材料 1個分

- ブール…1個
- 牛ステーキ肉(ロースなど)…80〜100g
- にんにく…1〜2片
- バター…大さじ1
- 塩、こしょう…各適量

作り方

1. 牛肉は室温に戻し、塩、こしょうをふる。にんにくは薄切りにする。
2. フライパンを強火で熱し、バターを入れ、1の牛肉を中火で焼き色がつくまで1分焼く。弱火にして脇ににんにくを入れ、肉の表面に肉汁が浮くまでさらに1分焼く。裏返し強火で1分、弱火で1分焼く。火を止めて5分おく。
3. ブールは横半分に切り、2をはさむ。

しょうゆが隠し味の肉の旨みを味わう
トマトと角切りビーフサンド

✶ ✶ ✶ ✶

ペルー料理に中国料理の味付けが加わった
伝統的なフュージョン料理。
本来は黄唐辛子を入れるが、ここでは青唐辛子で代用。
辛さは好みで調節を。

Sánguche de lomo saltado

材料 1個分

- ブール…1個
- 牛肩ロース肉(角切り)…100g
- 紫玉ねぎ…1/4個
- トマト…1/2個
- パクチー(またはイタリアンパセリ)…適量
- オリーブオイル…小さじ1
- A
  - にんにくのすりおろし…1/2片
  - 酒…小さじ1/2
  - しょうゆ…小さじ1/2
- B
  - 青唐辛子…少々
  - しょうゆ…小さじ2
  - 白ワインビネガー…小さじ1/2

作り方

1. 牛肉は2cm厚さに切る。**A**をもみこんでおく。
2. 玉ねぎとトマトはくし形に切る。**B**の青唐辛子は小口切りにする。
3. フライパンを温め、オリーブオイルを入れ**1**を炒める。玉ねぎを加え軽く炒め、**B**を加え全体を混ぜ合わせる。トマトを加えさっと混ぜる。
4. ブールは横半分に切り、**3**とパクチーをはさむ。

とろけるチーズと牛肉が贅沢!
ブラジル風ローストビーフサンド
* * * *

ブラジルの「バウル」という町の名前がついたサンドイッチ。
パンに決まりはなく、さまざまな種類を使うようだが、基本の具材は
外もも肉を使ったローストビーフとたっぷりのチーズをはさむそう。

材料 1個分

- ブール…1個
- ローストビーフ(下記参照)…80g
- とろけるチーズ…50g
- トマト…1個
- ピクルス(ディルピクルス)…2本

作り方

1. ブールは横半分に切る。トマトは薄切りに、ピクルスは半分に切る。
2. 下のブールにローストビーフ、ピクルス、トマトをのせる。
3. フライパンでチーズを溶かし、2にのせ、上のブールをのせる。

手軽なのに本格的なおいしさ
ローストビーフの作り方

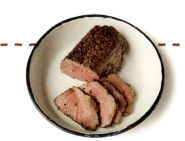

家でつくれるぜいたくなローストビーフ。
余熱で調理することで、きれいな赤味と
とろけるやわらかさに仕上がる。

材料 作りやすい分量

- 牛もも肉(ブロック)…400g
- **A**
  - にんにく(すりおろし)…1片
  - 塩…小さじ1/2
  - タイム、オレガノ(ドライ)…合わせて小さじ1
  - 黒こしょう…小さじ1/2
  - オリーブオイル…小さじ1
- オリーブオイル…大さじ1

作り方

1. 牛肉は室温に戻し、全面に**A**をすりこむ。
2. フライパンを熱し、オリーブオイルを入れ**1**の全面を中火で10分焼く。
3. 取り出した肉を温かいうちにアルミ箔で包み、粗熱がとれるまで1時間以上おく。

キューバ風ホットサンド

ぎゅっとプレスしてあつあつを食べる

＊＊＊＊

キューバで生まれ、アメリカのフロリダで変化して定着し、その名を広めたともいわれているキューバンサンドイッチ。起源は諸説あり、定かではないが、かりっと焼けたパンと具の絶妙なコンビネーションは多くの人たちに愛され続けている。

材料 2本分

- バゲット（24〜25cm）…1本
- マリネードポーク（下記参照）…2枚
- ロースハム…2枚
- とろけるチーズ…2枚
- ピクルス（ディルピクルス）…4個
- バター…適量
- マスタード…適量
- マヨネーズ…適量

作り方

1. バゲットは12〜13cm長さに切り、横半分に切る。片面にマスタード、片面にマヨネーズをぬる。
2. 下のバゲットにマリネードポーク、チーズ、ピクルス、ハムを重ね、上のバゲットをのせる。
3. バゲットの表面にバターをぬる。バターをぬった方を下にして熱したフライパン（ここではグリルパン使用）で焼く。フライ返しでぎゅっと押したら、アルミホイルをかぶせ、鉄鍋や鉄フライパン（ここでは鉄鍋ふたを使用）を重しにしてのせ、ぎゅっと押しながらこんがりとなるまで2〜3分焼く（写真a）。バターを塗り反対にして同様に焼く。
4. 3を斜めに切る。

サンドイッチの味の大きな決め手

マリネードポークの作り方

"モホ"と呼ばれるソースで豚肉を漬け込む。ここではより簡単に切り身を使っているが、ブロック肉を使い、2日くらいじっくり漬け込んでも良い。

材料 2〜3人分

- 豚肩ロース肉（切り身）…3枚
- A
  - パクチー（みじん切り）…大さじ1
  - オレガノ（ドライ）…小さじ1
  - クミンパウダー…小さじ1
  - 塩…小さじ
  - 黒こしょう…小さじ1/2
- レモン果汁…1/2個分
- オレンジ果汁…1/2個
- にんにく…2片
- オリーブオイル…大さじ1

作り方

1. 豚肉は筋に包丁を入れる。
2. Aを1にすりこむ。そのまま30分ほど置く。
3. にんにくは包丁の背でつぶし、レモン果汁、オレンジ果汁を保存袋に入れ2を入れ、一晩置いて味をなじませる。（夏場は冷蔵庫に入れる）
4. 3は大きければ半分に切る。
5. フライパンにオリーブオイルを熱し、4の両面を中火で3分ほど焼く。焼き色がついたら裏返し、さらに3分焼き中まで火を通す。

パンと具を引き立てるのに欠かせないソース

サルサ *Salsa*

中南米の屋台にはずらりとサルサが並ぶ。好みのサルサを好きなだけ、たっぷりとのせれば自分らしいサンドイッチのできあがり。刻んだ野菜とハーブがたくさん入った、身体にもうれしいソース。パン、具材、サルサの組み合わせで、サンドの世界がもっと広がる。

1
アボカドのサルサ
Guasacaca

2
ペブレ
Pebre

3
サルサ・ロハ
Salsa roja

4
豆のペースト
Frijores refritos

5
サルサ・クリオージャ
Salsa criolla

6
チミチュリ
Chimichurri

1 ベネゼエラのワカモレとよばれる定番
アボカドのサルサ Guasacaca

アレパや肉料理などベネズエラ料理に頻繁に使われる。色が変わりやすいので都度作って。

材料（作りやすい分量）

- アボカド…1個（約200g）
- 玉ねぎ…1/4個
- ピーマン…1/2個（20g）
- にんにく（すりおろし）…1片
- パクチー…1束（10g）
- イタリアンパセリ…1束（10g）
- オリーブオイル…大さじ1
- 白ワインビネガー…小さじ1
- レモン果汁…小さじ1
- 塩、こしょう…各適量

作り方

1. アボカドの果肉を取り出す。玉ねぎは粗みじん切りにし、水に15分ほどさらして辛みをとる。かたい部分を取り除いたピーマン、パクチー、パセリは粗みじんに切る。
2. 1とにんにく、レモン果汁をブレンダー（またはミキサー）にかけ撹拌する。
3. オリーブオイルを加え混ぜ、ビネガーをふりさらに撹拌してピューレ状にする。
4.

2 中南米の食卓に欠かせない大切なサルサ
ペブレ Pebre

国よって具に多少の違いがあり名前も変わる。ここではベーシックなチリのサルサを紹介。

材料（作りやすい分量）

- トマト…2個
- 玉ねぎ…1/2個
- 青唐辛子…1本
- パクチー…適量
- レモン果汁…1/2個分
- オリーブオイル…大さじ1
- 塩…少々

作り方

1. トマトは5mm角に切る。青唐辛子、パクチーはみじん切りにする。玉ねぎはみじん切りにし、水に15分ほどさらして辛みをとる。
2. 1とレモン果汁、オリーブオイルを混ぜ合わせる。
3. 塩で味を調える。

3 激辛ソースは日本の赤唐辛子で代用
サルサ・ロハ Salsa roja

チレ・セラーノやアルボルなどの唐辛子で作るメキシコの辛いサルサ。辛さは種の量で調節。

材料（作りやすい分量）

- 赤唐辛子…10g（約20本）
- トマト…200g
- にんにく…1片
- 塩…小さじ1/2

作り方

1. 唐辛子はヘタを取りのぞき、種をとる場合は半分に折り取りのぞく。フライパンで色が変わるくらいまで焦げないように炒る。取り出す。
2. 1のフライパンにヘタを取り除いたトマトを入れる。トマトの表面のところどころに焦げ目がつくくらいまで中火でゆっくりと焼く。皮をむいたにんにくも一緒に中がやわらかくなるまで焼く。
3. トマドの皮をむき、にんにく、1、塩と一緒にブレンダー（またはミキサー）で撹拌する。

4 タコスやブリトーなどメキシコのさまざまな料理に使われる
豆のペースト　Frijores refritos

豆のつぶし加減や、辛さはお好みで。手軽なゆで豆の缶詰を使っても。

材料（作りやすい分量）

- ゆでた赤いんげん豆
  （キドニービーンズなど）
  …250g
- 赤いんげん豆のゆで汁…適量
- A
  - 玉ねぎ…1個
  - 赤唐辛子…1本
  - にんにく…1片
- クミンパウダー
  …小さじ1/4
- オリーブオイル…大さじ1
- 塩…適宜

作り方

1. Aはみじん切りにする。
2. フライパンにオリーブオイルを熱し、1の玉ねぎを炒める。透明になったらにんにく、赤唐辛子を加えてさらに炒める。
3. ゆでた豆、ゆで汁、クミンを加え、豆をつぶしながら煮詰める。
4. 塩で味を調える。缶詰の豆を使う場合は塩味がついていることがあるので気をつける。

5 ペルー発、さわやかな味をプラスするソース
サルサ・クリオージャ　Salsa criolla

本来は黄唐辛子の辛さが味のポイントに。ここでは色だけをまねて黄パプリカを使用。

材料（作りやすい分量）

- 紫玉ねぎ…1個
- 赤唐辛子…1本
- 黄パプリカ…1/4個
- パクチー
  （またはイタリアンパセリ）
  …1本
- ライム果汁（またはレモン果汁）…1〜2個分
- オリーブオイル…大さじ1
- 塩、こしょう…各適量

作り方

1. 玉ねぎは薄切りにし、辛味が気になるようなら水にさらし、水気をしっかりと切る。
2. パプリカは千切りに、パクチーはみじん切りにする。
3. 赤唐辛子は小口切りにする（種の量で辛さを調節する。種をとる場合、半分に折って取りのぞく）。
4. 1、2、3にオリーブオイルを混ぜ合わせる。
5. ライム果汁、塩、こしょうで味を調える。

6 ハーブとスパイスが爽やかな万能サルサ
チミチュリ　Chimichurri

アルゼンチンで生まれ、南米各地に広がり愛されている。

材料（作りやすい分量）

- A
  - イタリアンパセリ…15g
  - オレガノ…2本
    （またはドライオレガノ…大さじ1）
  - あさつき…2本
  - 青唐辛子…1本
- B
  - にんにくのすりおろし…1片分
  - クミンパウダー…少々
  - 白ワインビネガー…大さじ2
  - レモン果汁（またはライム果汁）…大さじ1
  - オリーブオイル…大さじ3
  - 塩、黒こしょう…各適宜

作り方

1. Aはすべてみじん切りにする。
2. 1とBを混ぜ合わせる。
3. 塩、黒こしょうで味を調える。

ホットな辛さがあとをひく
ピリ辛サンド
● ● ● ●

刺激のある辛みは、ラテンサンドの醍醐味のひとつ。
特に辛いのはペルー、メキシコのサンドイッチだ。
ピリリとした辛さ、その役割を果たしているのが唐辛子。
主役の素材を引き立て、パンの味もいっそうおいしくする。
ひと味ちがううおいしさに出会えるはず。

唐辛子パン風サンド
Pambazo

Pambazo

ピリ辛ソースをパンにしみこませて焼く
唐辛子パン風サンド
★★★★

メキシコ中央・北部の伝統的なサンドイッチ。
パンを浸すピリ辛ソースは、
チレ・グアヒージョという旨みたっぷりの乾燥赤唐辛子で作る。
ここでは作りやすいよう赤唐辛子で代用し、トマトを加えた。

材料 2個分

- クッペ…2個
- 唐辛子ソース
  - 赤唐辛子…4本
  - トマトの水煮…1/2缶(200g)
  - にんにくのすりおろし…1片分
  - 塩、こしょう…各適量
- 具
  - じゃがいも…小2個
  - コンビーフ…100g
  - レタス…2枚
  - カッテージチーズ…適宜
  - サワークリーム(好みで)…適宜
  - オリーブオイル…小さじ2
- オリーブオイル…小さじ2

作り方

1. 唐辛子ソースを作る。赤唐辛子は縦半分に切って種を取り除き、お湯1/2カップ(分量外)に20分ほどつける。赤唐辛子と戻し湯、トマトの水煮、にんにくと一緒にブレンダー(またはミキサー)などでソース状にする。
2. 1をフライパンに入れて半量になるまで中火で煮詰める。塩、こしょうで味を調える。大さじ2を別にしておく。
3. クッペは横半分に切り、切り口に2をたっぷりつける。(写真a)
4. 別のフライパンにオリーブオイルを温め、3の両面をこんがりと焼く。
5. 具を作る。じゃがいもは1cm角に切り、たっぷりの湯でゆでる。フライパンにオリーブオイルを熱し、ほぐしたコンビーフとゆでたじゃがいもを入れ炒める。とっておいた2を大さじ2加えて混ぜ合わせる。
6. レタスはせん切りにする。
7. 4の下のクッペに5、6、カッテージチーズをのせ、サワークリームをかける。上のクッペをのせる。

Torta de jamón

かみしめればほど良い辛さが広がる
ハラペーニョハムサンド
★★★★

豚ももハムを使ったメキシコ名物のトルタ風。
メキシコの唐辛子ハラペーニョを酢漬けにした瓶詰めは
デパートや輸入食品店で入手可能。

材料 1個分

- 白パン…1個
- ボンレスハム…2枚
- ハラペーニョの酢漬け(ホールまたはスライス)…適量
- アボカド…1/2個
- トマト…1/2個
- 豆のペースト(作り方p.35)…適宜

作り方

1. アボカドは種を取り除き果肉をフォークでつぶす。トマトは1cm角に切る。ハラペーニョはホールの場合、輪切りにする。
2. 白パンは横半分に切る。下のパンの切り口に豆のペーストをぬる。
3. ハムと1をのせ、上のパンをのせる。

辛いサルサ・ロハが引き立て役

唐辛子風味のチキンサンド

★ ★ ★ ★

サワークリーム入りのマヨネーズで
いつものチキンサンドがおとな味に。
鶏肉と一緒にきゅうりやコーンを入れてもおいしい。

材料 1個分

食パン(8枚切り)…2枚
鶏もも肉…1枚(280g)
サルサ・ロハ(作り方p.34)…適量
にんにく(すりおろし)…少々
マヨネーズ…大さじ1
サワークリーム…大さじ1
塩、こしょう…各少々
レモン果汁…少々
パクチー…適量

作り方

1. 鶏肉は皮と余分な脂を取り除く。
2. 鍋に1と水1/2カップを入れて沸騰したら弱火にし、蓋をして20分間蒸し煮にする。竹串を刺し、肉汁が透明か確認する。火が通っていたら粗みじんに切る。
3. 2ににんにく、マヨネーズ、サワークリームを和える。レモン果汁、塩、こしょうで味を調える。
4. 3にサルサ・ロハをかけてパンにはさむ。好みでパンのみみを切り落とし、食べやすく切る。パクチーを添える。

Sándwich de pollo con salsa roja

Cemita

ぴり辛が全体の味を引き立てる

チキンカツレツバーガー

* * * *

メキシコの世界遺産の町プエブラのサンドイッチ。本場ではゴマ付きのハンバーガーバンズのような"セミータ"という大きなパンに、チポトレ唐辛子、玉ねぎ、さけるチーズをたっぷりはさみ、パパロというハーブをかける。
このレシピは少々控えめだが、実際はおどろくほどボリューミー。

材料 1個分

ハンバーガーバンズ…1個
鶏むね肉…1/2枚
塩、こしょう…各少々
小麦粉…適量
卵…1/2個分
パン粉…適量
揚げ油…適量
アボカド…1/2個
とろけるチーズ(モッツァレラ)…20g
マヨネーズ…適量
サルサ・ロハ(作り方p.34)…適宜

作り方

1. バンズは横半分に切る。アボカドは果肉を薄切りにする。
2. カツレツを作る。鶏肉は中央に切り込みを入れて観音開きにして厚みが同じになるように麺棒で軽く叩き、塩、こしょうをふる。小麦粉、溶き卵、パン粉を順につけて、170℃の油で中に火がとおるまで4〜5分間揚げ、油をきる。
3. フライパンでチーズを溶かす。
4. 下のバンズにマヨネーズをぬる。2、3、アボカドをのせ、サルサ・ロハをかける。上のバンズをのせる。

ソースにひたしながら食べる

溺れたトルタ

★ ★ ★ ★

メキシコのグアダラハラが生まれ故郷。ネーミングのとおり、
ピリ辛具材の沢山つまったトルタ（サンドイッチ）が
たっぷりのトマトソースに溺れているよう。

Torta ahogada

材料 1個分

- クッペ…1個
- カルニタス（作り方p.23）…適量
- 豆のペースト（作り方p.35）…適量
- サルサ・ロハ（作り方p.34）…適量
- 紫玉ねぎ…1/4個
- ラディッシュ…2個
- ライム…1個

トマトソース〈作りやすい分量〉
- トマト…中4個（260g）
- にんにくのすりおろし…1片分
- 玉ねぎ…1/4個（40g）
- クローブ…4本
- オレガノ（ドライ）…小さじ1/2
- クミンパウダー…小さじ1/2
- 塩、こしょう…各適宜

作り方

1. トマトソースを作る。トマトはたっぷりの水で中火で10分ほどゆでる。トマトを取り出し、皮をむき、他の材料と水大さじ5と一緒にブレンダー（またはミキサー）でピューレ状にする。
2. 玉ねぎは薄切りにし、水に15分ほどさらして辛味をとる。水気を切る。
3. クッペは横半分に切り、下の切り口に豆のペーストをぬり、カルニタスをのせてサルサ・ロハをかけ、上のクッペをのせる。
4. 3を器に移し、1を全体にかけ、2、ラディッシュ、4つ切りのライムを添える。

ぴりっとした辛さが肉の味を引き締める
ピリ辛ポークサンド
★ ★ ★ ★

本場のポルトガルでは、
店によって作り方と味つけはさまざま。
本来は赤唐辛子で作るピリピリソースを使うが
このレシピではカイエンペッパーで代用。

Bifanas

材料 1個分
ブール…1個
豚肩ロース薄切り肉…150g
A
- にんにく…1片
- カイエンペッパー…小さじ1/2
- 白ワインビネガー…小さじ2
- 白ワイン(辛口)…大さじ3
- ローリエ…1枚
- 塩…小さじ1/3
- 黒こしょう…少々

オリーブオイル…小さじ2

作り方
1. にんにくは皮をむき、包丁でつぶす。ローリエは粗くちぎる。**A**の他の材料と混ぜ合わせる。
2. **1**と豚肉を保存袋に入れ、手でもみ、そのまま1時間以上つけこむ(夏場は冷蔵庫で)。
3. フライパンにオリーブオイルを温め、**2**の豚肉を炒める。火が通ったら取り出し、残ったつけ汁を煮詰め、豚肉をフライパンに戻し、からめる。
4. ブールは横半分に切り、フライパンで香ばしく焼き、**3**をはさむ。好みでさらにカイエンペッパー(分量外)をふる。

ちょっと気になる唐辛子のこと

"辛さ"はラテンサンドの醍醐味のひとつで、その大きな役割を果たしているのが唐辛子。中南米で生まれた唐辛子の歴史は気が遠くなるほど古い。辛い食文化は各国に根付いており、特にペルーとメキシコの辛いもの好きは、サンドイッチの中にも表れている。中南米で「aji（アヒ）」「chile（チレ）」と呼ばれる唐辛子の種類は多く、各国が特産の唐辛子をそれぞれの特徴を生かしながら料理に使い分けている。この本では作りやすいようほとんど日本の唐辛子で代用しているが、ネットなどでも手に入る本場の唐辛子を使えば、現地の味に近いラテンサンドがより楽しめる。

熟して赤くなったタイプ。

チレ・セラーノ
Chile serrano

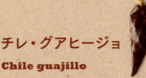

60種類以上もあるメキシコの唐辛子の中で青唐辛子の代名詞となっている。辛さは産地によって違いはあるものの、ハラペーニョより辛い。「サルサ・ベルデ」や「ピコ・デ・ガジョ」などメキシコの代表的なサルサに使われる。

アヒ・アマリージョ
Ají amarillo

南米で馴染みの深い唐辛子。濃い黄色、オレンジ色から「黄色い唐辛子」という名前がついた。ペルー料理の「パパ・ア・ラ・ワンカイナ」が代表的。辛さは鷹の爪と同じくらいかなり強い。まずは市販のペーストから使ってみよう。

ハバネロ
Chile habanero

小さくて可愛らしいその見た目に反して強烈な辛さは世界で上位を争う。メキシコでよく食べられていて、赤は熟したもので、黄色やオレンジもある。調理時には顔につけないように要注意。名前はキューバのハバナから。

アンチョ
Chile ancho

"幅広"という名前のとおり、大きいドライチリ。干しぶどうのような甘さと独特な香り、深いコクで辛さだけでは終わらせない味わいをもつ。メキシコ料理に多用されている唐辛子で、香ばしく炒り、香りを高め、お湯で戻したり、砕いて使う。

チポトレ
Chipotle meco

ハラペーニョを熟成、乾燥させ、さらに燻製にした唐辛子。鰹節のようなスモーキーな香りが個性的。辛さはドライチリの中では強い。お湯で戻し、チポトレのアドボソースをはじめ、ソースやスープ、煮込み、豆料理などに使われる。

チレ・グアヒージョ
Chile guajillo

チレ・ミラソルという唐辛子を乾燥させたメキシコのドライチリ。サルサやソース、さまざまな料理にコクを加える。辛さだけではなく、旨味を味わうのが中南米の唐辛子の極意である、と感じさせるおいしさ。p.36のパンにつけるソースは本来はこの唐辛子を使う。

チレ・デ・アルボル
Chile de árbol

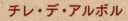

メキシコ原産の唐辛子。乾燥させることで独特の豊かな風味を醸し出している。サルサをはじめ、さまざまなメキシコ料理にコクと深みをあたえる。この本の"サルサ・ロハ"をこの唐辛子で作れば、いっそう本格的に。

アヒリモ
Ají limo

ペルー原産の唐辛子。辛味は強いが、柑橘類を思わせるさわやかな香りが、ペルーの代表料理「セビッチェ」に欠かせない。赤、オレンジ、紫、白など色が多彩で形も種々あるのが特徴的。

ハラペーニョ
Jalapeño

名前になじみがあり辛いイメージが強いが、このラインナップの中では中辛程度のほどほどの辛さ。メキシコ、アメリカではなくてはならないもの。酢漬けのものが手に入りやすいのでラテンサンドにも気軽に使いたい。

ロコト
Rocoto

ころっとしたパプリカかなと思いきや、中には真っ黒な種も。激辛で、アンデスが原産でペルーやボリビアの料理に使われている。サルサや料理のベースに。ひき肉などを詰めたペルー料理も名高い。

具がはみ出す個性派カラフルサンド
野菜たっぷりサンド
❖ ❖ ❖ ❖

ラテンサンドに入れる代表的な野菜は、何といってもアボカド。
他の食材と合わせた時に互いのおいしさを高める力を、
中南米の人たちはよく知っている。
そしてどんなパンともすこぶる相性がいい。
たくさんはさんで、
まったりとしたクリーミーな食感を楽しみ、
ベストフレンドでもある
野菜たっぷりのサルサも添えて。

アボカドトマトの
ホットドッグ
Completo

Completo

ホッドドッグも野菜たっぷり
アボカドトマトのホットドッグ
★ ★ ★ ★

アボカドをたっぷりはさんでほおばるのがチリスタイル。
コーンを混ぜたマヨネーズをかけるのが最近の人気だそう。
これひとつでお腹は大満足。

材料 1本分

- ホットドッグバンズ…1本
- ウインナーソーセージ…1本
- トマト…中1個
- アボカド…1/2個
- マヨネーズ…適量
- ケチャップ…適量
- マスタード…適量
- レモン果汁…1/4個分
- ピクルス(好みで)…1本
- 塩、こしょう…適量

作り方

1. アボカドは果肉をフォークでつぶし、レモン果汁を混ぜて塩、こしょうで味を調える。
2. トマトとピクルスは粗みじんに切る。
3. ソーセージはゆでるか、油少々(分量外)でフライパンまたはグリルで焼く。
4. バンズは底が切れないように中央に切り込みを入れてマヨネーズ、ケチャップをぬる。3をはさみ、2、1をのせ、マスタードをかける。

Chacarero

鮮やかなグリーンあふれるチリの人気もの
いんげんたっぷりのポークサンド
★ ★ ★ ★

チリでもっとも代表的なサンドイッチ。いんげんの細切りをあふれん
ばかりにのせ、牛肉もしくは豚肉&トマトと一緒にはさむのが基本。
お好みで青唐辛子、マヨネーズもたっぷりと。

材料 1個分

- ハンバーガーバンズ…1個
- いんげん…7〜8本
- 豚ロース薄切り肉…50g
- A
  - にんにくのすりおろし…少々
  - クミンパウダー…小さじ1/2
  - オレガノ(ドライ)…大さじ1
  - ライム果汁…1/2個分
  - 塩…小さじ1/2
  - こしょう…少々
- トマト…1/2個
- 青唐辛子…1/2本
- マヨネーズ…適量
- オリーブオイル…小さじ2
- 塩(板ずり用)…少々

作り方

1. 豚肉はAで下味をつける。
2. いんげんはまな板の上で塩少々をふり、手のひらで転がし板ずりをする。熱湯で色よくゆで、冷水にとる。水気をしっかりと切り、斜めに切る。
3. トマトは輪切りに、青唐辛子は小口切りにする。
4. フライパンにオリーブオイルを熱し、1を中火で炒める。取り出す。
5. バンズは横半分に切り、4のフライパンで両面を焼く。
6. 下のバンズの切り口にマヨネーズをぬり、4、3、2をのせ、上のバンズをのせる。

色合いがきれいな濃厚サンドイッチ

アボカドたっぷりのハムチーズサンド

* * * *

本場では、まるで糸のように長く細くさいた
メキシコを代表する"オアハカ・チーズ"をたっぷりとはさむ。
メキシコ第3の都市、モンテレイが生まれ故郷。

Torta de la purísima

材料 1個分

- ブール…1個
- アボカド…1個
- モルタデラハム…3枚
- モッツァレラチーズ
  （ここではさけるタイプ使用）…40g
- マヨネーズ…適量
- 黒こしょう…適量

作り方

1. アボカドは果肉を1cmの薄切りにする。
2. チーズはさく。
3. ブールは横半分に切り、下のブールの切り口にマヨネーズをぬる。
4. 1、ハム、2をのせ、黒こしょうをふり、上のブールをのせる。

シンプルでボリューミー
アボカドチキンサンド
* * * *

チリのアボカドサンドといえば、
チキンと合わせるこの"チキン・アボカド"という名前の
サンドイッチが代表的。
食パンにはさんで食べることも多い。

材料 1個分

クッペ…1個
鶏ささ身…2本
アボカド…1個
レタス（フリルレタスなど）…2枚
マヨネーズ…大さじ1
レモン果汁…1/4個分
マスタード…適量
オリーブオイル…小さじ1
塩、こしょう…各適量

作り方

1. レタスは食べやすい大きさにちぎる。
2. 鶏ささ身は筋を取り除き、塩、こしょうをふる。鍋に鶏ささ身とひたひたの水を入れ、沸騰したら蓋をして中火で5分蒸しゆでにする。火をとめてそのまま冷ます。手で裂き、マヨネーズを和え、塩、こしょうで味を調える。
3. アボカドは果肉をフォークでつぶす。レモン果汁とオリーブオイルを混ぜて塩、こしょうで味を調える。
4. クッペは横半分に切り、切り口にマスタードをぬり、1、2、3をはさむ。

Ave palta

ほどよい辛さと野菜のさわやかさな組み合わせがやみつきに

メキシコ風豆ディップサンド

★ ★ ★ ★

体にうれしい豆とトマトのコンビネーション。
はさむというより、片面だけのパンでタルティーヌのように食べるのが定番。
具材を十分に楽しむのが本来のスタイル。

材料 1個分

クッペ…1個
とろけるチーズ(モッツァレラ)…25g
豆のペースト(作り方p.35)…適量
ペブレ(作り方p.34)…適量
パクチー…適量
青唐辛子(好みで)…1本

作り方

1. 青唐辛子は輪切りにする。
2. クッペは横半分に切り、下のクッペの切り口に豆のペーストをぬる。
3. フライパンにチーズを溶かし、**2**にかける。
4. ペブレをのせ、**1**をふり、パクチーを添える。上のクッペをのせる。

Mollete con frijoles y queso

コロンビア風ホットドッグ
Perro caliente Colombiano

ブラジル風ホッドグ
Cachorro quente Brasileiro

ポテトチップスとうずらの卵ははずせない
コロンビア風ホットドッグ
★ ★ ★ ★

とにかくいろいろつめこんで、甘いパイナップルソースと
オーロラソース、ニンニクソースなどをかけて楽しむ
コロンビアのファーストフード。

材料 1本分

- ホットドッグバンズ…1本
- ウインナーソーセージ…1本
- ベーコン(スライス)…1枚
- うずらのゆで卵…2個
- キャベツ…約1/2枚
- ポテトチップス…2〜3枚
- A
  - マヨネーズ…大さじ1
  - ケチャップ…大さじ2/3
  - にんにくのすりおろし…少々
- B
  - パイナップル…3枚
  - レモン果汁…1/4個分
- マヨネーズ…適宜
- マスタード…適宜
- オリーブオイル…小さじ1

作り方

1. キャベツは千切りにする。ポテトチップスは細かく砕く。うずらのゆで卵は横半分に切る。
2. ベーコンは粗みじんに切る。フライパンを温め、オリーブオイルを入れてベーコンを炒める。取り出す。
3. ソーセージは**2**のフライパンで全面を焼くか、ゆでる。
4. **A**は混ぜ合わせる。
5. **B**はブレンダー(またはミキサー)でソース状にする。
6. バンズは底が切れないように中央に切り込みを入れ、マヨネーズ、マスタードをぬる。**3**、**2**、**1**のキャベツをはさみ、ポテトチップをふり、**4**、**5**をかけ、うずらのゆで卵をのせる。

フライドポテトもつめてしまうおいしいとこどり
ブラジル風ホッドッグ

* * * *

他の国では、フライドポテトをホットドッグのお供として食べることがよくあるが、ブラジルではダイナミックにはさんでいただくのが定番のスタイル。

材料 1本分

ホットドッグバンズ…1本
フライドポテト（作り方p.17）
　　…じゃがいも大1個分
ウインナーソーセージ…1本
コーン（冷凍、缶詰など）…大さじ2
粉チーズ…適量
パクチー…適量
ケチャップ…適宜
マヨネーズ…適宜
マスタード…適宜

作り方

1. ソーセージは油少々（分量外）でフライパンまたはグリルで焼くか、ゆでる。
2. バンズは底が切れないように中央に切り込みを入れ、マヨネーズをぬる。1をはさみ、コーンを散らす。さらにフライドポテトをのせ、粉チーズをふり、ケチャップ、マスタードをかけ、パクチーの葉をふる。

Cachorro quente Brasileiro

香ばしい肉とさつまいもの甘みのハーモニー

さつまいもポークフライサンドイッチ

★ ★ ★ ★

ペルーの定番サンドイッチをアレンジ。本場では"カモテ"という原産のオレンジ色のさつまいもを使うが、今回は日本のさつまいもで代用。サルサ・クリオージャをふんだんにトッピングしたい。

材料 1個分

ブール…1個
豚バラ肉(ブロック)…150g
さつまいも…50g
サルサ・クリオージャ(作り方p.35)…適量
揚げ油…適量
塩、こしょう…各適量

作り方

1. 豚肉は4cm角に切る。たっぷりのお湯でゆでる。お湯がなくなるまで約2時間弱火で煮る。まだ湯が残っている場合は強火で煮詰める。
2. 塩、こしょうをふり、肉の全体がこんがりとなるように肉から出た油でさっと炒める。
3. さつまいもは5mmの輪切りにし、170℃の油で3〜4分ほど揚げる。
4. ブールは横半分に切り、3、2、サルサ・クリオージャをはさむ。

Sánguche de chicharrón

Pan con pollo Salvadoreño

野菜たっぷりがお決まり
チキンと野菜のソースたっぷりサンド
✷ ✷ ✷ ✷

やさしいソースの味をチキンと野菜にからませながら
楽しむサルバドールの定番サンド。
パンチをきかせたいときは、ソースにチキンブイヨンを加えるとよい。

材料 1本分

ホットドッグバンズ…1本
鶏骨つきもも肉…1本
玉ねぎ…1個
にんにく…2片
ローリエ…2枚
トマト水煮…1/2缶(200g)
ベビーキャロット…3本
いんげん…2本
トマト…1/2個
ラディッシュ…1個
きゅうり…1/4本
パクチー…1枝
クレソン…1本
ハラペーニョの酢漬け(好みで)…適宜
マスタード…適量
塩…少々

作り方

1. 鶏肉は余分な脂を取り除く。玉ねぎは皮をむいて縦6つに切る。にんにくは皮をむく。
2. 鍋に水1リットルを入れて沸騰したら、**1**とローリエを入れて弱火で45分煮込む。
3. ソースを作る。**2**の玉ねぎ、にんにく、煮汁1/2カップと、トマトの水煮をブレンダー(またはミキサー)でピューレ状にする。
4. **2**の鶏肉をほぐし、フライパンに入れて**3**の1/3量を加え、鶏肉にソースがからむくらいまで中火で煮詰める。
5. ベビーキャロットといんげんは塩を入れた熱湯で好みのかたさにゆでる。
6. いんげんは半分に切る。トマトとラディッシュは輪切りに、きゅうりは小口切りにする。
7. バンズは底が切れないように中央に切り込みを入れ、マスタードをぬる。**4**、**6**、パクチー、クレソンをはさみ、**3**で残った野菜ソース、ベビーキャロット、好みでハラペーニョを添える。

ブランチに、ランチに楽しみたい、ボリューム感あふれる
たまごを楽しむラテンサンド

相性の良い卵とパンは言わずと知れた王道の組み合わせ。
ここでは、卵使いが得意なヨーロッパ発のラテンサンド、
ポルトガルとスペインの現地の人たちに親しまれている
定番のサンドイッチを紹介。

中にはハムや肉、チーズがたっぷり

ポルトガル風クロックムッシュ
Francesinha

名前は「フランスの女の子」という意味。トマトソースをかける、ボリューム満点の熱々サンドイッチ。

材料 1個分

- 食パン(8枚切り)…2枚
- ハム(ボンレス、ロースなど)…1枚
- ソーセージ…2本
- スライスチーズ…6枚
- 卵…1個
- オリーブオイル…小さじ1
- 玉ねぎ…1/2個
- にんにく…2片
- トマト水煮…1/2缶(200g)
- オリーブオイル…小さじ2
- A
  - ビール…100ml
  - 白ワイン(シェリー)…50ml
  - ブランデー…大さじ1・1/2
  - ローリエ…1枚
  - タバスコ…少々
  - 市販の固形ブイヨン…1/2個
- 塩、こしょう…各適量

作り方

1. ソースを作る。玉ねぎとにんにくはみじん切りにする。フライパンにオリーブオイルを熱し、玉ねぎを甘みが出るまで弱火でじっくり炒める。にんにくを加え、香りがでるまで炒める。トマトの水煮を加え木べらでつぶしながら煮詰める。**A**を加え、2/3量になるまで煮込む。ブレンダー(またはミキサー)でソース状にし、塩、こしょうで味を調える。
2. パンはトーストする。
3. ソーセージは縦半分に切る。
4. フライパンにオリーブオイルを熱し、卵を割り入れ目玉焼きを作る。
5. **2**のパン1枚にハム、**3**、チーズ1枚、パン1枚を重ねる。さらにチーズ5枚を全体を包むようにのせる。オーブントースターでチーズが溶けるまで焼く。
6. **1**をかけ、**4**をのせる。

マドリッドスタイルのブランチメニュー

スペイン風ミックスサンド
Sándwich mixto con huevo

丸く抜いたパンからのぞいた半熟状態の黄身をパンに染み込ませながらいただく。

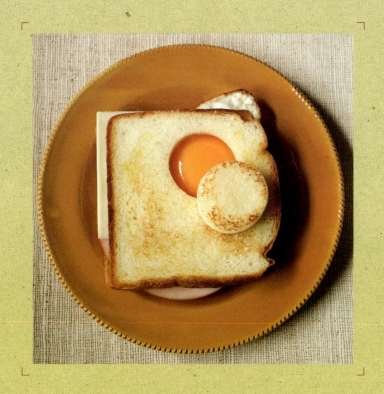

材料 1個分
食パン(8枚切り)…2枚
卵…1個
ハム(ボンレス、ロースなど)…1枚
チーズ…1枚
オリーブオイル…大さじ2
塩、こしょう…各少々

作り方
1. フライパンにオリーブオイル大さじ1を熱し、卵を割り入れ、目玉焼きを作る。軽く塩、こしょうをふる。
2. 食パン1枚はセルクルまたは茶碗の底などで丸く穴をあけ、丸い部分を元に戻しておく。
3. 1のフライパンに残りのオリーブオイル大さじ1を熱し、食パンをこんがりと焼く。裏返し、穴のあいていないほうにハムとチーズをのせる。好みでチーズがとろりとするまで弱火で焼いてもよい。
4. 器に移し、食パンの丸くくり抜いた部分をずらし、黄身が穴からのぞくように目玉焼きをはさむ。

国民食をパンにはさむ

スペインオムレツのボカディージョ
Bocadillo de tortilla

スペインの人たちに愛されている
じゃがいものオムレツは
バゲットサンドとしても大活躍。

材料 1本分

バゲット…1本

スペインオムレツの材料
（作りやすい分量 使うのは約1/3量）
卵…5個
じゃがいも（男爵）…大2個
玉ねぎ…1/4個
塩…小さじ1〜1・1/2
油…適量

作り方

1. オムレツを作る。じゃがいもは薄いいちょう切り、玉ねぎは粗みじん切りにする。
2. 直径20cmのテフロンフライパンにじゃがいもを入れて、油をひたひたに加えて焦げないように時々混ぜながら弱めの中火で炒め煮する。2分ほどたったら玉ねぎを加えて炒める。
3. じゃがいもがくずれるくらいまでやわらかくなったら、ざるにあげて木ベラで軽くつぶしながら油を切る。油はとっておく。
4. ボウルに卵を割りほぐし、温かいうちに3と塩を入れて混ぜ合わせる。
5. フライパンを再び温め、残しておいた油小さじ1程度を熱し、4を流し入れる。中火にして木ベラで軽く混ぜる。弱火にしてまわりがかたくなったら、お皿（または蓋）をかぶせて、取り出し、焼いた部分が上にくるようにフライパンにすべらせるように裏返して戻し、弱火で1〜2分焼く。
6. この裏返しの操作を裏、表と2回ほど繰り返して焼き上げる。
7. バゲットは横半分に切る。
8. 6のオムレツを適量切り、バゲットにはさむ。

素朴で大胆なラテンスタイル
ラテン風シーフードサンド
★★★★

肉食が中心の印象が強い中南米だが、実はペルーやチリは水産物に恵まれた土地。また欧州のスペインやポルトガルではどこの国よりも魚介が欠かせない食材となっている。シンプルだけどがっつりはさむ、魚介のラテンサンドも熱い！

クロチャ風サンド
Clotxa

Clotxa

いわしもトマトもぐちゃぐちゃにほぐしてパンにつめる

クロチャ風サンド

★ ★ ★ ★

スペインのカタルーニャ地方・タラゴナで、お祭りのときや
アウトドアで食べる。もとは畑仕事が終わったあとに食べたもの。
本来はもう少し大きいパンを使うが食べやすく小さめにアレンジ。

材料 1個分

ブール…1個
いわし…1匹（約90g）
トマト…2個
にんにく…1片
塩…適量
オリーブオイル…小さじ2

作り方

1. オーブンは220℃に温めておく。
2. いわしはウロコがあれば包丁でこそぎ取り、内臓を取り除き、水で洗う。水気をよくふきとり、塩を全体にふる。
3. 天板にアルミホイルをしき、2、トマト、皮のままのにんにくを220℃のオーブンで15～20分こんがりと焼く。フィッシュロースターやトースターでもよい。
4. ブールは横半分に切り、中央の白い部分をとりのぞく。
5. 3のいわしは骨をとりのぞき、ほぐす。
6. トマト、にんにくは皮を取り除き、それぞれを粗くつぶし5と一緒に4に詰める。
7. オリーブオイルをふり、パンの中で詰めものを混ぜ合わせる（写真a）。必要ならば塩で味を調える。
8. 上のブールをのせる。

Dobladillo de caballa

海辺のバルで生まれたささっと作れるお手軽サンド

カディス風さばサンド

★ ★ ★ ★

スペイン南部のカディス生まれの手軽なサンドイッチ。
上質なさばの瓶詰めや缶詰を使って作る、
さばをたくさん食べる地域ならではのレシピ。

材料 2個分

バゲット（斜め1.5cm幅）…4枚
さばフィレオイル漬け（缶詰）…2枚
トマトの薄切り…4枚
マヨネーズ…適量
にんにく（すりおろし）…少々
塩、こしょう…各少々
オリーブオイル…少々

作り方

1. さばは缶から出し油を切る。
2. マヨネーズににんにくを混ぜる。
3. バゲット1枚にトマト薄切り2枚、さば1枚をのせ、2をかける。必要ならば塩、こしょうをふり、オリーブオイルをかけ、もう1枚のバゲットをのせる。
4. 同じものをもうひとつ作る。

日本の魚でアレンジ

さんまフライサンド
＊＊＊＊

南米原産のペヘレイ（トウゴロウイワシ科）という
キスに似ている淡白な白身魚を揚げて
はさむペルーのサンドイッチ。
ここでは身近なさんまで代用。

Pan con sanma

材料 1個分

- ブール…1個
- さんま…1匹
- レタス（フリル）…1枚
- 衣
  - 卵…1/2個
  - 冷水…1/2カップ
  - 小麦粉…1/2カップ
- 小麦粉…少々
- サルサ・クリオージャ（作り方p.35）…適量
- マヨネーズまたはアヒ・アマリージョ・マヨネーズ
  （作り方p.15）…適量
- 塩、こしょう…各少々
- 揚げ油…適量
- パクチー…適量

作り方

1. レタスは食べやすい大きさにちぎる。
2. さんまは3枚におろし、骨をとりのぞく。塩、こしょうをふり、薄く小麦粉をまぶす。
3. 衣をつくる。卵と冷水を混ぜ、そこに小麦粉をふり、混ぜすぎないようにかるくさっくりと混ぜる。2に衣をつけて180℃の油で2〜3分間揚げ、油を切る。
4. ブールは横半分に切り、下のブール切り口にマヨネーズまたはアヒ・アマリージョ・マヨネーズをぬる。
5. 4に1、3、サルサ・クリオージャとパクチーをのせ、上のブールをのせる。

マドリッドのご当地バゲットサンド
イカフライのボカディージョ

* * * *

揚げたイカをどっさりとはさむこのスタイルは
マドリッドのいくつかのバルの名物となっている。
にんにく入りのマヨネーズをお好みで。

材料 1/2個分

バゲット…1/2本
イカ…1杯
溶き卵…1個分
小麦粉…適量
揚げ油…適量
塩…少々
マヨネーズ…適宜（好みでにんにくのすりおろし少々を混ぜる）

作り方

1. イカは皮をむき、胴の中から足、ワタ、軟骨を引き抜き、エンペラも取りはずす。胴は1cm幅ほどの輪切りに、足は食べやすい大きさに切り分ける。油はねしやすいのでしっかりと水気をふく。
2. 1に塩をふり、小麦粉をまぶす。溶き卵にとおし、170℃の油に少量ずつ入れて1分ほど揚げる。油を切る。油がはねるので注意。
3. バゲットは横半分に切り、2をはさむ。好みでマヨネーズをかける。

Bocadillo de calamares

ソースをパンに染み込ませて

溺れた海老のトルタ

★ ★ ★ ★

いくつかのバリエーションがある"溺れたトルタ"の代表格。
ライムをたっぷりかけ、現地では紫玉ねぎや
ラデッシュの薄切りもふんだんに。
生の海老から作る場合は、海老の茹で汁をソースに加える。

材料 1個分

クッペ…1個
海老(殻つき)…5尾
アボカド…1/2個
サルサ・ロハ(作り方p.34)…適量
トマトソース(作り方p.45)…適量
ラデッシュ…2個
ライム…1個

作り方

1. 海老は楊枝などで背わたを取り除き、殻ごと熱湯でさっとゆで、殻をむく。
2. アボカドとラデッシュは薄切りにする。
3. クッペは横半分に切り、下のクッペにアボカドと1をのせてサルサ・ロハをかけ、上のクッペをのせる。
4. 3を器に移し、トマトソースを全体にかけ、ラディッシュと半分に切ったライムを添える。

Torta ahogada de camarón

Bocadillo de calçots con salsa romesco

ねぎ祭りでめぐり会った一品

たらと焼きねぎのサルサ・ロメスコサンド
* * * *

バルセロナから車で1時間ほどのねぎの名産地、バイスの名物料理。
ねぎを炭火で真っ黒に焼き、すっかり甘くなった中心部を食べる。
現地では干しだらを使っているが、甘塩たらでアレンジ。

材料 1個分

クッペ…1個
甘塩たら（切り身）…1切れ
ねぎ…1本
レタス（エンダイブなど）…1枚
オリーブオイル…大さじ1
サルサ・ロメスコ（下記参照）…適量

作り方

1. ねぎは4等分に切る。レタスは食べやすい大きさにちぎる。
2. グリルパンにオリーブオイル（分量外）を薄くぬり、ねぎの中心がやわらかくなるまで全面を弱火でゆっくりと焼く。
3. フライパンにオリーブオイルを加え、甘塩たらを入れへらで大きくほぐしながら焼く。骨があれば取り除く。
4. クッペは横半分に切り、オーブントースターで焼く。
5. 下のクッペにレタス、2、3をのせ、サルサ・ロメスコをかける。上のクッペをのせる。

ナッツの風味が香ばしい

サルサ・ロメスコの作り方

スペインのカタルーニャ地方の名物サルサ。アーモンドやヘーゼルナッツなどを、焼いたトマトとつぶして作ると本格的な味になる。魚介料理やサラダに多く使われている。

材料 作りやすい分量（4人分）

アーモンドパウダー…30g
トマト（完熟）…1個
にんにくのすりおろし…少々
オリーブオイル…大さじ4
白ワインビネガー…大さじ2
パプリカパウダー（スモーク）…小さじ1
黒こしょう…少々
塩…小さじ1/4

作り方

1. トマトの皮をむき、他の材料と一緒にミキサー（またはブレンダー）でソース状にする。

スペイン南部のアンダルシア地方から

マラガのホットサンド
★ ★ ★ ★

本場では大きなカンペロ用のパンで
グリルで焼きにするが、ブールで代用。
中身は、ハムやチーズなどバリエーションが豊富。
ここでは身近なツナを使って簡単にサンド。

Campero Malagueño

材料 1個分

ブール…1個
ツナ…小1缶
レタス…2枚
玉ねぎ…1/6個

A
- マヨネーズ…大さじ1
- にんにくのすりおろし…少々
- 塩、こしょう…各少々

オリーブオイル…少々
グリーンオリーブ…適宜

作り方

1. ツナは缶から出し油を切る。レタスは小さくちぎる。玉ねぎは薄切りにする。
2. 1をボウルに入れAで和える。
3. ブールは横半分に切り、2をはさむ。
4. グリルパンに薄くオリーブオイルをぬり、3を焼く。フライ返しでぎゅっと押したら、アルミホイルをかぶせ、鉄鍋や鉄フライパン（ここでは鉄鍋ふたを使用）を重しにしてのせ、ぎゅっと押しながらこんがりとなるまで2〜3分焼く（p.30参照）。
5. 裏返して同様にこんがりと焼く。皿に盛り、オリーブを添える。

らくに作れるから出番も多い
サーディンの
ボカディージョ
* * * *

スペインのバルで出会ったバゲットサンド。
玉ねぎと黒こしょうをたっぷりと加えて刺激を少しプラス。
ワインのお供にどうぞ。

材料 1本分

バゲット…1本
オイルサーディン（缶詰）…1缶（105g）
玉ねぎ…1/2個
オリーブオイル…適量
粗挽き黒こしょう…適量

作り方

1. 玉ねぎは薄切りにし、水に15分ほどさらして辛味をとり、水気を切る。
2. サーディンは缶から出し油を切る。
3. バゲットは横半分に切り、1、2の順にのせ、オリーブオイルと黒こしょうをふる。上のバゲットをのせる。

Bocadillo de saridinas

アルゼンチン風にハーブをきかせて
グリルめかじきサンド
★ ★ ★ ★

チミチュリのさわやかな酸味と香りが
淡白なめかじきの味を引き立てる。
ふんわりとしたやさしい食感の白パンと好相性。

材料 1個分

白パン…1個
めかじき（切り身）…1切れ
チミチュリ（作り方p.35）…適量
マヨネーズ…適宜
オリーブオイル…小さじ2
塩、こしょう…各少々

作り方

1. めかじきは水気をふきとり、塩、こしょうをふる。
2. グリルパン（またはフライパン）に薄くオリーブオイルをぬり、1の両面をこんがりと焼き色がつくまで焼く。
3. 白パンは横半分に切り、下の切り口にマヨネーズをぬる。2をのせてチミチュリをかけ、上の白パンをのせる。

Pan con pez espada

Bocadillo de gambas al ajillo

香りのよいオイルをパンに染み込ませて
海老のアヒージョサンド
★ ★ ★ ★

ぷりっとした海老とにんにく、赤唐辛子、イタリアンパセリの香りの
オイルが染み込んだパンが2回楽しめる。
ただしオイルの量はほどほどに。

材料 1本分

バゲット(20cm)…1本
海老(殻つき)…10～12尾
赤唐辛子 …1/2本
にんにく…2片
イタリアンパセリ(みじん切り)…適量
オリーブオイル…1/3～1/2カップ
粗塩…適量

作り方

1. 海老は殻をむき、背ワタを取り除く。赤唐辛子は小口切りにし、種を取り除く。にんにくは薄切りにする。
2. 鍋にオリーブオイル、にんにく、赤唐辛子を入れふつふつとしてきたら、弱火にして2分ほど煮込む。海老を入れて中まで火が通ったら火をとめる。
3. バゲットは横半分に切り、**2**が熱いうちに下の切り口にまんべんなく海老を並べる。にんにく、赤唐辛子をのせ、**2**の煮油大さじ1(好みの量)をふりかける。イタリアンパセリと粗塩を全体にまんべんなくふり、上のバゲットをのせる。

少し手間をかけて、手づくりを楽しみたい
こだわりのラテンフード
普段なかなか出会えないチョリソーやアレパ、食べたい時にさっと作れるトルティーヤを手作りで。

チョリソーソーセージがジューシーな国民的サンド

チョリパン

チョリソーをパンにはさみ、
チミチュリをたっぷりとかける。
アルゼンチンで一番人気のあるサンドイッチ。

材料 1個分

クッペ… 1個
チョリソー… 1本
チミチュリ（作り方p.35参照）… 適量

作り方

1. クッペは横半分に切り、好みで焼く。
2. こんがりと焼いたチョリソーをのせる。（写真 a のように切ってもよい）
3. チミチュリをかける。または直接クッペの切り口にのせても。

a

Choripán

家庭でも作れるよう、絞り袋を使う

チョリソーの作り方

材料（10〜12本分）

天然豚腸（フランクフルト用）…2m
豚肉
（バラ肉800g＋肩ロース600g）…1400g

A
- にんにくのみじん切り…3片分
- オレガノ（ドライ）…大さじ1
- ナツメグ…小さじ1/5
- パプリカパウダー（スモーク）…小さじ1
- レッドペッパー…小さじ1
- 塩…小さじ4
- 黒こしょう…小さじ1

用意するもの

絞り袋（お菓子用ので可）
ソーセージ専用口金（フランクフルト用）

作り方は次のページへ →

チョリソーの作り方

1. 豚腸は水に30分ほどつけて塩分を取り除く。

2. 肉は薄切りや切り落としを用意する。少し粗めのみじん切り（口金から出やすい程度）にする。冷凍しておき、半解凍くらいにすると切りやすく、脂肪が分裂しにくい。

Choripán

3. 2とAを混ぜ、粘りが出るまで手でよくこねる。冷蔵庫で1時間寝かせる。

4. 口金を絞り袋の先にセットする。

5. 絞り袋に3をつめる。絞りにくいのでたくさん詰めないこと。

6. 1の豚腸をかぶせ、空気が入らないように少しだけ肉を絞り出し、腸の先端を結ぶ。

7. 肉を豚腸に少しずつ絞りだす。詰めすぎるとねじりにくくなるのでぱんぱんにならないように詰めていく。空気が入っているようなら楊枝で刺して抜く。

8. すべて詰めたら、腸の末端を結ぶ。

9. 半分のところを2回ほどねじる。

10. おおよそ15cm下を2本一緒にねじり、できた輪に1本をとおす。

11. 空気が入っている所は楊枝で刺して抜く。冷蔵庫に30分おき、なじませる。

12. ソーセージがすべて入るような深鍋にお湯をわかす。少しぐつぐつといってきたら、中火にして20分ほどゆでる。湯は75〜80℃の状態、熱いと脂身が溶けて味が落ちる。

13. はさみで切り分ける。2mの豚腸で約10〜12本できる。

14. フライパンにオリーブオイル（分量外）を温め、できあがったソーセージを焼く。

いろいろな具をサンドして楽しむとうもろこしパン

アレパ

白いとうもろこし粉で作るベネズエラ、コロンビア、パナマのソウルフード。

Arepa

材料 1個分	作り方
アレパ（薄焼きパン）…1個 好みの具材…適量	1. 焼きあがったアレパに、裂けないように気をつけながら、具がはさめるように横中央に包丁で切り込みを入れる。 2. 好みの具材を **1** にはさむ。

とうもろこしの香りが豊か

アレパの作り方

材料 4個分

コーンミール…150g	塩…小さじ1/2
バター…20g	グラニュー糖…小さじ2
牛乳…150g	オリーブオイル…小さじ1

1. 牛乳を沸騰寸前まで温め、火を止めてバターを入れ溶かす。粗熱をとる。

2. ボウルにコーンミールと塩を入れて、**1**を10回くらいに分けて加える。

3. 牛乳を加えてそのつど混ぜるのがポイント。

4. ある程度混ざったら、手でまるめられるくらいになるまで混ぜる。

5. 生地を4つに分けて丸める。手の平にのせ1cm高さの円形に形成する。まわりのひびを補うようしっかりと整える。

6. フライパンにオリーブオイルを熱し、**5**を入れ蓋をして弱火で約10分、裏返してさらに10分焼く。

Arepa

Rompe colchón

魚介マリネのアレパ

ベネズエラの海岸地域に伝わる
マリネ料理をはさんだアレパ。
タコ、イカ、白身魚、ムール貝など好みの
魚介を入れて仕上げて。

Arepa

材料 1個分

アレパ…1個
イカ…1/4杯
ホタテ…1個
紫玉ねぎ…少々
オリーブオイル…小さじ2

A ┃ パプリカパウダー…少々
┃ パクチーの葉…適量
┃ レモン果汁…小さじ1/2
┃ 塩、こしょう…各少々

作り方

1. ホタテは厚みを半分に切る。イカは胴を輪切りにする。玉ねぎは薄切りにする(必要であれば水にさらして辛みをとる)。
2. フライパンにオリーブオイルを温め、ホタテとイカを炒める。
3. 2と玉ねぎを **A** で和える。
4. 横半分に切ったアレパに **3** をはさむ。

Reina pepiada

チキンアボカドサラダのアレパ

最も親しまれている具材の組み合わせ。
名前は「美しき女王」。
ベネズエラ代表がミス・ワールドに
選ばれたことにちなんでつけられたとか。

材料 1個分

アレパ…1個
鶏ささ身…1枚
アボカド…1/2個
玉ねぎ…1/8個
あさつき…1本
レタス…1/2枚

A ┃ マヨネーズ…小さじ2～3
┃ レモン果汁…少々
┃ レッドペッパー…少々
　塩、こしょう…各適量

作り方

1. 鶏ささ身は筋を取り除き、塩、こしょうをふる。鍋に鶏ささ身とひたひたの水を入れ、沸騰したら蓋をして中火で5分蒸し茹でにする。火をとめてそのまま冷ます。手で裂く。
2. アボカドは角切りに、玉ねぎはみじん切りにする。あさつきは2cm長さに切る。レタスは小さくちぎる。
3. 1、2を混ぜ合わせ、**A** で和え、塩、こしょうで味を調える。
4. 横半分に切ったアレパに **3** をはさむ。

Arepa con carne mechada

豚肉のアレパ

ボリュームのある煮込んだ
肉を裂いてはさんだ「アレパ・メチャーダ」。
黄色いチーズをたっぷり加えると
「アレパ・ペルア」になる。

材料 1個分

アレパ…1個
豚バラ肉（ブロック）…100g
玉ねぎ…1/4個
にんにく…1個
ローリエ…1枚
イタリアンパセリ…少々
クミンパウダー…小さじ1/4
塩、こしょう…各適量

作り方

1. 豚肉は4cm角に切る。玉ねぎはたて4つに切る。にんにくは皮をむく。
2. 鍋に 1、ローリエ、イタリアンパセリとひたひたの水を入れ、沸騰したら弱火にして蓋をして、ほとんど水分がなくなるまで煮込む。
3. ローリエとイタリアンパセリを取り出し、クミンパウダー、塩、こしょうを加えて煮詰める。
4. フォーク2本を使って玉ねぎ、にんにくと一緒に肉を裂く。
5. 横半分に切ったアレパに 4 をはさむ。

Arepa con jamón y queso

ハム&チーズのアレパ

アレパは朝食にも欠かせない。
そんなときはハムやチーズが人気。
チーズは焼きたてのアレパにはさみ、
とろりと溶かしてもおいしい。

材料 1個分

アレパ…1個
ハム…1〜2枚
チェダーチーズ…1〜2枚

作り方

1. ハムとチェダーチーズははさみやすい大きさに切る。
2. 横半分に切ったアレパに 1 をはさむ。

Arepa

たっぷりはさんで気分はメキシコの屋台風

タコス

たくさんのサルサを自由にかける、現地の屋台スタイルをまねしたい。

Tacos

材料 2個分

トルティーヤ…2枚
お好みの具材…適量

作り方

1. フライパンで焼いたトルティーヤにお好みの具材をはさむ。

こんがりと、風味よく焼く

トルティーヤの作り方

材料 8枚分

コーンミール…50g
薄力粉…100g
強力粉…100g
塩…小さじ1/2
ベーキングパウダー…小さじ1/3
オリーブオイル…大さじ1
お湯…125ml

1. オリーブオイルとお湯以外の材料をボウルに入れる。オリーブオイルを入れて軽く混ぜ、お湯を少しずつ加えて混ぜ合わす。

2. ある程度混ざったら、手で混ぜる。

3. 取り出してさらに手でこねる。

4. 8等分してまるめる。

5. ひとつずつめん棒で2mm厚さに丸く伸ばす。

6. フライパンを温め、**5**の両面を中火でこんがりと焼く。

Tacos

Tacos de carne asada

カルネ・アサーダ風タコス

タコスの具材として定番の牛肉の炭火焼きを、
自宅で作れるようアレンジ。
ライムをふれば軽やかな口当たりに仕上がる。

Tacos de pollo

チキン・タコス

ピコ・デ・ガジョというソース*を
たっぷりのせて、さわやかに。
鶏肉は好みの部位で代用しても。

Tacos

材料 2個分

トルティーヤ…2枚
牛肉(もも肉、バラ肉など焼肉用)
　…150g
塩、こしょう…各適量

A
クミンパウダー…少々
オレガノ(ドライ)…小さじ1
パイナップルジュース…大さじ3
青唐辛子(小口切り)…1本

アボカド…1個
モッツアレラチーズ…適量
玉ねぎ…1/8個
ライム…1/2〜1個
パクチー…適量

材料 2個分

トルティーヤ…2枚
鶏ささ身…2本
ペブレ(作り方p.34)…適量
サワークリーム…大さじ2〜3
チェダーチーズ…20g
塩、こしょう…各少々

作り方

1. 牛肉は1cmほどの棒状に切りさらに2〜3等分する。塩、こしょうをふる。保存袋に入れて**A**を加えてもむ。
2. フライパンにオリーブオイル(分量外)を熱し、**1**を炒める。ソースを煮詰めて肉にからめる。
3. アボカドの果肉は1cm厚さの薄切りにし、モッツアレラはちぎる。玉ねぎは薄切りにする(必要であれば水にさらして辛味をとる)。
4. それぞれのトルティーヤに**2**、**3**、パクチーをはさみライムを絞りかける。

作り方

1. 鶏ささ身は筋を取り除き、塩、こしょうをふる。鍋に鶏ささ身とひたひたの水を入れ、沸騰したら蓋をして中火で5分蒸しゆでにする。火をとめてそのまま冷まし、手で裂く。
2. それぞれのトルティーヤに**1**、チーズ(好みで溶かす)、サワークリームをはさみ、ペブレをかける。

*この本ではペブレ(p.34)と呼ぶ。

Tacos de frijoles

豆ペーストのタコス

いろいろな料理に添えられる
豆のペーストはタコスでも。
肉やソーセージとの相性も抜群。
トマトやレタス、アボカドを組み合わせても。

材料 2個分

トルティーヤ…2枚
カルニタス（作り方p.23）…適量
レタス…1枚
豆のペースト（作り方p.35）…適量

作り方

1. レタスは千切りにする。
2. それぞれのトルティーヤに豆のペースト、カルニタス、**1**をはさむ。

Tacos de Camarón

海老のタコス

マヨネーズ、サワークリームと
好みのサルサを合わせて
具材とソースの組み合わせが楽しめる。
自分ならではのバラエティを増やしたい。

材料 2個分

トルティーヤ…2枚
海老…8尾
キャベツ…1枚
紫玉ねぎ…1/8個
ラディッシュ…1個
ライム…1/2個
好みの唐辛子（ハラペーニョなど）…適量
塩、こしょう…適量

作り方

1. 海老は背わたを取り除き、殻付きのまま茹でて、殻をむく。塩、こしょうをふる。
2. キャベツ、玉ねぎ、ラディッシュは千切りにして塩をふってもむ。唐辛子の小口切りを混ぜる。
3. それぞれのトルティーヤに**2**と**1**をはさみ、ライムを絞りかける。

スペインのレトロなおやつ
チョコレートの
ボカディージョ
Bocadillo de chocolate

一見、大雑把に見えるバゲットサンド、でも子どもたちにとっては大人になっても恋しくなる思い出いっぱいの味。

スペインのおやつはメリエンダとよばれている。メリエンダで食べられるものはいろいろあるが、一般的なのはパンにさまざまな具材を挟んだ"ボカディージョ"というサンドイッチ。ハムやチョリソー、チーズ、もしくはツナとトマトソースのコンビなどをはさむことが多く、お母さんがささっと具材をはさんでアルミ箔でぎゅっと包む。「はい！」と渡された子どもたちは公園に走るか、もしくは「早く食べなさい！」と言われてほおばる。大人になるにつれ習慣がなくなっていくメリエンダは、子どもたちの大切な時間。メリエンダのボカディージョは子どものころのなつかしい想い出と結びついている。そんなボカディージョの中で、大人になってから無性に懐かしく思い出すのはチョコレートをはさんだもの。それも板チョコがそのままはさむであるダイナミックなボカディージョ。初めて見たときは「なんてダイナミックな！」と関心したり「いや、ラフ過ぎるのでは…」と苦笑したりもした。その大胆さ、まさにラテンの国のなすわざである。そして、それを目の前にした子どもたちの嬉しそうなこと。みんなが大好きな甘いボカディージョ、もちろん毎日登場するものではないので、チョコレートのボカディージョが出た日は特別な気分で満面の笑みになる。さらにバナナのスライスが一緒にはさんであったりすると歓声があがる。しかし、このボカディージョはおばあちゃんやお母さんたちの世代でのできごとで、今は徐々に減っているよう。レトロ感あふれるメリエンダでもある。

材料
バゲット…適量
板チョコレート…適量

作り方
1. バゲットは横半分に切る。
2. 板チョコレートをはさむ。

メリエンダの定番としてよく食べられるものに、おばあちゃんが作ってくれる " Pan con aceite y azúcar（パン・コン・アセイテ・イ・アスーカル）" がある。バゲットやパンの切り口にオリーブオイルをたらし、グラニュー糖をふりかけるのだ。これはオリーブオイルがバターやマーガリンに変わったり、グラニュー糖がはちみつに変わったりもする。いずれも大人にとっては禁断の領域である。

ラテンサンドと楽しむお酒とソフトドリンク
ラテンなドリンク
Latin Drinks

個性的なラテンサンドに合うのはやはりラテンの国の飲み物。
サンドイッチを片手にくいっと飲みたいさわやかなご当地ビールから、
味も色合いも個性豊かなカクテルやソフトドリンクまで
明るくて元気いっぱいなラテンな飲み物。
ラテンサンドをいっそう美味しくいただこう。

ラテンビール

ラテンサンドによく合うのはやはりこれ！

コロナ・エキストラ
Corona Extra

世界中で最も飲まれている、ライムですっきり飲みやすいプレミアムビール。日本でも手に入りやすい。

原産国：メキシコ

輸入元・問い合わせ先：
モルソン・クアーズ・ジャパン株式会社

キルメス
Quilmes

サッカーのアルゼンチン代表公式スポンサーでもある、国民的ビール。マイルドな口あたりが魅力。

原産国：アルゼンチン

輸入元・問い合わせ先：
株式会社花正

テカテ
TECATE

ほんのり甘くてフルーティー。すっきりとした飲み口がメキシコで人気。塩とライムを一緒に。

原産国：メキシコ

輸入元・問い合わせ先：
リードオブジャパン株式会社
2016年10月現在ラベルに変更あり

デイ・オブ・ザ・デッド IPA
Day Of The Dead IPA

その名もメキシコの神秘的な祭り"死者の日"。個性的な味が5種類そろう。王道の苦味がうれしい。

原産国：メキシコ

輸入元・問い合わせ先：
リードオブジャパン株式会社

Latin Drinks 02

Latin Beers

中南米のビールは、さっぱりとしたライトな味わいのものが主流。具だくさんのサンドやピリ辛サンド、アボカドなどと好相性。

フォレスト
FOREST

アマゾンのジャングル特産の植物を加えて作られたクラフトビール。苦味と甘みのバランスが心地よい。

原産地:ブラジル
輸入元・問い合わせ先:
ヘルムス貿易株式会社

アマゾニア
AMAZONIA

焦げたカラメルのような芳香あるラガービール。爽やかな飲み心地は料理を邪魔しない。

原産国:ブラジル
輸入元・問い合わせ先:
株式会社池光エンタープライズ

クリスタル
CRISTAL

さっぱりとした喉越しとかすかな苦味が心地よい。ペルー最大のビールメーカーが生んだ人気の品。

原産国:ペルー
輸入元・問い合わせ先:
リードオフジャパン株式会社

クスケーニャ
CUSQUEÑA

ボトルにはマチュピチュが。ペルーのクスコ生まれで地元で絶大な人気を誇り、賞も多数受賞。

原産国:ペルー
輸入元・問い合わせ先:
株式会社G&C CORPORATION

インカコーラ
不動の人気を誇る黄金色の炭酸飲料

インカ帝国を象徴するような色のコーラ。ペルーでのシェアは80%という、まさに王者の貫禄。甘みと微炭酸が特徴。

原産国：ペルー
輸入元・問い合わせ先：
缶…リードオフジャパン株式会社
ペットボトル…株式会社G&C CORPORATION

モリール・ソニャンド
カリブの島のオレンジジュース

ドミニカ共和国のジュースで、"夢を見ながら死ぬ"という名前がロマンをかきたてる。コンデンスではなくミルク＋砂糖でも。

材料（1杯分）

A
- オレンジ果汁…1個分（約100ml）
- コンデンスミルク…大さじ3
- バニラエッセンス…少々
- 氷…100g

オレンジの輪切り…1枚

作り方

① Aの材料を氷の形が残る程度にミキサーにかける。

② 皮をよく洗ったオレンジの輪切りを飾る。

マテ茶

飲むサラダといわれる南米のお茶

アルゼンチンをはじめとする南米の人たちが日ごろから飲んでいる生活の一部ともいえるお茶。ビタミン、ミネラルたっぷり。

マテ茶のおいしい入れ方

ホット・マテ・ティー
1人小さじ1杯を目安に人数分のマテ茶葉をティーポットに入れて、沸騰したお湯を注ぎ、3分ほど蒸らす。紅茶と同じようにミルクティー、レモンティーにしても。

テレレ（水出しマテ茶）
ホットよりも人数量が少し多めの茶葉を水に浸し、冷蔵庫で冷やす。さらにレモングラスやミントなどのハーブやライムやレモンのスライスを加えたり、はちみつなどで甘みをつけても美味しい。

ライムネード

ライム香るすがすがしい口あたり

ノンアルコールシーンにぜひ合わせてもらいたい。冷凍庫で凍らせて、ジューサーにかけフローズンドリンクにしても。

材料（1杯分）

A
- ライム果汁…2個分（約100ml）
- 水…80ml
- グラニュー糖…大さじ1
- 氷…適量

ライムの輪切り…1枚
ミント…少々

作り方

① Aの材料を合わせる。

② 皮をよく洗ったライムの輪切りとミントを加える。

モヒート

ライムとミントがさわやかな人気ドリンク

キューバ生まれ。ラム酒ベースの、さわやかさと甘みが相まったカクテル。ヘミングウェイが好んで飲んでいたことでも有名。

材料（1杯分）

ホワイトラム…50ml
ライム…1個（1/2個は果汁を絞る）
ソーダ…50ml
ミントの葉…10枚
グラニュー糖…小さじ2
氷（クラッシュドアイス）…適宜

作り方

① ライムは皮をよく洗う。グラスにライム果汁とグラニュー糖を入れ混ぜる。

② ミントの葉と残りのライムを半分に切り、軽く絞り、丸ごと入れる。

③ ラムを入れて、ライムを軽くつぶすようにしながら混ぜる。氷とソーダ入れ、軽く混ぜる。

ミチェラーダ

タバスコやソースがビールに！

ピリ辛ソースなどをビールに混ぜ始めたことから生まれたという、メキシコのふしぎなお酒。スノースタイルの塩がビールに合う。

材料（1杯分）

ビール（ここではメキシコビールを使用）
　　…100ml
ライム果汁…100ml
ウスターソース（またはしょうゆ）…小さじ1/4
タバスコ…少々
塩、こしょう…各少々
スノースタイル用（レモン、塩）…各少々

作り方

① グラスのふちにレモンの切り口を押し付けて果汁をつける。グラスを逆さまにして塩（器に塩を広げておく）をつける。

② ビール以外の材料を混ぜ①に入れ、ビールを注ぎ、軽く混ぜる。

カイピリーニャ

ブラジルご自慢のさわやかなカクテル

サトウキビが原料のブラジルの蒸留酒"カシャッサ"がベース。ほんのり甘く、ライムがさわやかに香る大人なカクテル。

材料（1杯分）

カシャッサ…50ml
ライム…1個
グラニュー糖…大さじ1・1/2
氷（クラッシュドアイス）…適宜

作り方

1. ライムは皮をよく洗い、4つに切る。長い容器に入れ、スリコギなどでつぶして風味を出す。
2. 果汁がすっかり出たら、グラニュー糖を加えてさらにつぶす。
3. グラスに移し、氷を加えて、カシャッサを注ぐ。

サングリア
甘さが広がりオレンジが香る赤ワイン

スペイン発、その色から「血」の意味を持つ。果物はあまり長く漬け込まず、作る寸前にオレンジ果汁を加えたほうがおいしい。

材料（作りやすい分量）

赤ワイン（フルボディ）…1本
オレンジ…2個（1個は果汁用）
レモン…1個
グラニュー糖…大さじ2
シナモンスティック…1本

作り方

① オレンジ1個分は果汁を絞る。

② もうひとつのオレンジとレモンは皮をよく洗い、グラスに入るくらいの大きさに切る。

③ ①とグラニュー糖、シナモンスティックを混ぜ合わせる。赤ワインを加えさっと混ぜる。②を加えて冷やす。

ピスコ・サワー

シナモンをほんのり香らせて

ベースとなるぶどうの蒸留酒、ピスコの起源をめぐり、長い間主張をゆずらないペルーとチリの両国に愛されている。

材料（作りやすい分量 2杯分）

ピスコ…200ml
グラニュー糖…大さじ2
ライム果汁…大さじ3
卵白…1個分
氷…100g
シナモンパウダー…少々

作り方

① シナモンパウダー以外の材料をすべてミキサーにかける。

② グラスに移し、シナモンパウダーをふる。

レファホ

飲みやすいふだん使いのお酒

甘めの炭酸水で割るビール。コロンビアでは「レファホ」、スペインでは「クララ」と呼ばれている。割る分量はお好みで。

材料（1杯分）

ビール…70ml
ソーダ（またはレモン炭酸飲料）…50ml

作り方

① ビールとソーダは冷やしておく。

② グラスに①を注ぎ、軽く混ぜる。

マルガリータ

カクテル界の女王さま

メキシコで生まれたテキーラベースのカクテル。アメリカで誕生した説もあるが、ほかの国で生まれたという説も。

材料（1杯分）

テキーラ…50ml
コアントロー…25ml
ライム果汁…30ml
氷…適量
スノースタイル用（レモン、塩）…各少々

作り方

① グラスのふちにレモンの切り口を押し付けて果汁をつける。グラスを逆さまにして塩（器に塩を広げておく）をつける。

② ①以外のすべての材料を混ぜ合わせシェイクする。①に注ぐ。

キューバ・リブレ

ラム入りコーラは自由の象徴

キューバ独立戦争のときに叫ばれた「キューバ万歳!」が名前の由来。ラムはキューバを、コーラはアメリカを象徴している。

材料（1杯分）

ホワイトラム…45ml
コーラ…100ml
ライム…1個（半分は果汁）
氷…適量

作り方

① ライムは皮をよく洗い、半分は絞る。

② グラスに氷を入れ、①の果汁を加える。ホワイトラムとコーラも注ぎ、軽く混ぜる。

③ 残りのライムを浮かべる。

丸山久美
Kumi Maruyama

料理研究家、スペイン家庭料理研究家。
留学後、ツアーコンダクターとして世界を回った後、14年間スペインに暮らす。帰国後は料理雑誌の編集を経て料理研究家としてテレビ、雑誌などで活躍。スペイン暮らしで培った料理をベースに、体にも心にもやさしい料理を紹介している。著書に『ひんやりスープ』『カタルーニャ地方の家庭料理』（共に小社刊）、『家庭で作れるスペイン料理』『家庭で作れるスペイン・バスク料理』（共に河出書房新社）、『10分で「本格タパス」手軽に作れるスペイン風おつまみ』（講談社）、『週末はパエリャ名人』（文化出版局）、『修道院のお菓子』（地球丸）、『心も体も温まる スペインのスープと煮込みレシピ』（ソフトバンククリエイティブ）など。

ブログ	http://k-maruyama.blogspot.jp
料理教室	http://9339.jellybean.jp/www/c.html

Special Thanks
ヨシダベーカリー
東京都杉並区久我山2-23-29
ハイネス富士見ヶ丘 1F
03-6326-2754

料理協力	成瀬佐智子
撮影	福尾美雪
スタイリング	花沢理恵
アートディレクション	中村圭介（ナカムラグラフ）
デザイン	清水翔太郎、堀内浩臣（ナカムラグラフ）
編集	古池日香留、大河原良美
写真協力	ラウラ・アメバ、パロマ・パロミーノ、小林玉貴
撮影協力	グランピエ

グランピエ
東京都渋谷区神宮前3-38-12パズル青山
03-3405-7269　http://www.granpie.com

Playmountain
東京都渋谷区千駄ヶ谷3-52-5
原宿ニュースカイハイツアネックス＃105
03-5775-6747　http://landscape-products.net

リーノ・エ・リーナ
03-3723-4270　http://www.linoelina.com

株式会社池光エンタープライズ
03-6459-0480　http://www.ikemitsu.co.jp

株式会社花正
0120-29-8703　https://www.hanamasa.co.jp

株式会社G&C CORPORATION
0594-25-8353　http://gyc-corp.com

ヘルムス貿易株式会社
045-501-0818　http://www.helms-kk.co.jp

モルソン・クアーズ・ジャパン株式会社
03-6416-4580　http://www.molsoncoors.jp

リードオフジャパン株式会社
03-5464-8170　http://www.lead-off-japan.co.jp

具がたっぷりでスパイシー
豪快にほおばる個性派サンドイッチ

よくばりラテンサンド
NDC596

2016年10月14日　発　行

著　者	丸山久美
発行者	小川雄一
発行所	株式会社 誠文堂新光社
	〒113-0033　東京都文京区本郷3-3-11
	（編集）電話 03-5805-7285
	（販売）電話 03-5800-5780
	http://www.seibundo-shinkosha.net/
印刷・製本	大日本印刷 株式会社

© 2016,Kumi Maruyama.　Printed in Japan

検印省略　禁・無断転載
落丁・乱丁本はお取り替え致します。

本書に掲載された記事の著作権は著者に帰属します。
これらを無断で使用し、料理教室、講習会、メニュー化および商品化等を行うことを禁じます。

本書のコピー、スキャン、デジタル化等の無断複製は、著作権法上での例外を除き、禁じられています。本書を代行業者等の第三者に依頼してスキャンやデジタル化することは、たとえ個人や家庭内での利用であっても著作権法上認められません。

図〈日本複製権センター委託出版物〉
本書を無断で複写複製（コピー）することは、著作権法上での例外を除き、禁じられています。本書をコピーされる場合は、日本複製権センター（JRRC）の許諾を受けてください。
JRRC〈http://www.jrrc.or.jp/　E-mail: jrrc_info@jrrc.or.jp 電話03-3401-2382〉
ISBN978-4-416-71630-4